EN + + + GESCHICKTER ARGUMENTIEREN + + + + +

„Falschmeldungen und auch Verschwörungserzählungen sind davon abhängig, dass sie von möglichst vielen Menschen geglaubt und weitererzählt werden, daher können wir alle versuchen, diese Verbreitung zu erschweren."

Erweiterte Neuauflage

INGRID
BRODNIG

# EINSPRUCH!

## Verschwörungsmythen und Fake News kontern – in der Familie, im Freundeskreis und online

ILLUSTRATIONEN VON MARIE-PASCALE GAFINEN

Brandstätter

# Einleitung

Wir leben in erhitzten Zeiten – und gerade in solchen Zeiten ist es wichtig, ein gutes Radar zum Erkennen von unseriösen Behauptungen und Falschmeldungen zu haben und auch zu wissen, wie man auf derartige Versuche der Irreführung effizienter antworten kann. Deshalb habe ich eine erweiterte Ausgabe dieses Buchs verfasst. Die erste Auflage entstand inmitten der Coronavirus-Pandemie, beinhaltet aber viele Beobachtungen, die auch bei den derzeit hitzig diskutierten Themen wie Klimapolitik, Migration oder Russlands Angriffskrieg auf die Ukraine hilfreich sein können: Wie kann man Fakten ein Stück weit besser verständlich machen? Welche Methoden gibt es beim Diskutieren, um geschickter auf das Gegenüber argumentativ einzugehen?

Schon als die Pandemie ausbrach, schrieben mir Menschen, dass Familienmitglieder oder Bekannte auf Falschmeldungen hineingefallen waren oder nun sogar an Verschwörungsmythen glaubten. Ein Mann erzählte mir von seinem Bruder, der plötzlich solche Erzählungen wiedergab – und er schrieb, dass er regelrecht Angst davor habe, ihn das nächste Mal zu treffen, „da dieses Thema zwischen uns großes Konfliktpotenzial birgt". Immer wieder fragten mich Menschen: Wie kann man überzeugender in solchen Diskussionen auftreten?

Ich beschäftige mich seit Jahren mit dem Phänomen der Desinformation im Netz, halte Vorträge und Workshops dazu. Trotzdem hat auch mich überrascht, wie viele Menschen in ihrem Bekanntenkreis und der Familie mit unbelegten Behauptungen oder glatten Verschwörungsmythen konfrontiert werden – und wie belastend das für viele Beziehungen ist, wenn jemand, den oder die man wertschätzt oder liebt, sich gedanklich so weit von einem weg und auch vom Boden der Tatsachen entfernt.

Der zweite wesentliche Ausgangspunkt für dieses Buch waren die Corona-Demos in Deutschland: Ich war selbst auch vor Ort. Einige Szenen, die ich beobachtet habe, sind mir stark in Erinnerung geblieben. Etwa jener Protestierende, der ein T-Shirt mit aufgedrucktem „Judenstern" trug – und behauptete, die deutsche Demokratie sei „an Corona verstorben". Es ist nur ein kleiner Teil der Bevölkerung, der solche Ansichten teilt. Aber man erkennt an solchen Aktionen: Die Desinformation und die extremen Ansichten, die über digitale Kanäle verbreitet werden, enden nicht dort. Menschen verbreiten solche Ideen in ihrem Alltag, manche gehen dafür sogar auf die Straße, einzelne schließen sich extremistischen Bewegungen an. Viele falsche oder spekulative Behauptungen schüren das Misstrauen in die Demokratie oder in die Wissenschaft. Und viele haltlose Gerüchte bis hin zu Verschwörungsmythen sind auch deshalb ernst zu nehmen, weil sie es uns erschweren, als Gesellschaft und im persönlichen Umfeld in ein sachliches Gespräch miteinander zu kommen; weil sie die Bruchlinien zwischen uns vergrößern.

Auf den kommenden Seiten gehe ich vor allem einer Frage nach: Was können Sie als Einzelne oder Einzelner tun, wenn Sie sachlich diskutieren und zur Aufklärung bei einzelnen Themen beitragen möchten?

FAKTEN
FUCK
KAKTEEN
KATZEN

# 1

# Niemand ist zu hundert Prozent rational – und daraus können wir einiges fürs Diskutieren lernen

Anja Sanchez Mengeler ist Mitte vierzig, lebt im Norden Deutschlands und sagt über sich selbst: „Ich war eine Zeit lang Verschwörungsgläubige." Sie glaubte, die Welt würde von einer im Verborgenen bleibenden Elite geleitet; alle Medien würden gesteuert; wer eine andere Meinung vertrat, den oder die verdächtigte sie, dafür bezahlt zu werden. Aber Anja Sanchez Mengeler gelang es, ihre erdrückende Weltsicht einem grundlegenden Wandel zu unterziehen und nach und nach wieder für überprüfbare Fakten erreichbar zu werden. Sie erklärte mir: „Das ist ein langer Weg zurück, den man laufen muss." Es hat zwei, drei Jahre gedauert, bis sie wieder bereit dazu war, differenziert zu denken – die Welt nicht in Schwarzweiß, sondern in Graustufen zu sehen.

Die Geschichte von Anja Sanchez Mengeler macht Mut. Weil sie zeigt, dass es in einzelnen Fällen doch funktionieren kann, Menschen, die sich rationalen Argumenten verschlossen haben, argumentativ zu erreichen. Dies wird nicht immer gelingen – und wenn es gelingt, kann der Weg zurück unterschiedliche Formen annehmen. Im Fall von Frau Sanchez Mengeler war dies kein einfacher Prozess. Gerade Verschwörungsmythen bieten ein trügerisches Gefühl von Gewissheit, das den daran Glaubenden den Eindruck vermittelt, sie hätten ganz viel durchschaut. Will man solche Verschwörungserzählungen oder auch andere Formen falscher oder unbelegter Behauptungen kontern, ist es wichtig, nicht nur auf Ebene der Fakten anzusetzen, sondern vor allem die emotionalen und kognitiven Mechanismen zu verstehen, wieso Falsches oder Spekulatives so große Resonanz erzeugen.

Im Verlauf dieses Buches werde ich den konkreten Reiz von Falschmeldungen analysieren und ich werde dabei auch auf das Feld der Verschwörungserzählungen eingehen. Denn gerade aus diesem Verständnis heraus lassen sich Gegenstrategien ableiten, mit denen man beim Diskutieren und Dagegenhalten effizienter wird. Wichtig ist: Diskutieren ist hart – ein Wundermittel, das garantiert, dass Ihnen zugehört oder gar geglaubt wird, gibt es nicht. Aber zumindest kann es sinnvoll sein, wenn möglichst viele Menschen Erkenntnisse aus der Wissenschaft oder Erfahrungen aus der Praxis kennen und wissen, welche Diskussionsformen man vermeiden sollte und welche eher dazu geeignet sind, Gesprächsbereitschaft bei ihrem Gegenüber zu fördern.

Begonnen hat die Phase des tiefen Misstrauens gegenüber offiziellen Erzählungen bei Anja Sanchez Mengeler in den Jahren 2013, 2014: Es gab dabei nicht das eine

Schlüsselereignis, erklärte sie, sondern es sei ein schrittweiser Prozess gewesen, durch den sie allmählich ins Reich der Verschwörungsmythen vordrang. Zuerst hatte sie diese Bekannte, mit der sie sich gut verstand, die Kinder im gleichen Alter hatte, die aber auch überzeugt war, alle würden überwacht werden. Da war Frau Sanchez Mengeler noch skeptisch und meinte: „Warum sollte sich irgendein Geheimdienst für mich interessieren?" Dann aber deckte Edward Snowden auf, dass US-amerikanische Geheimdienste tatsächlich eine Massenüberwachung gestartet und Internetdaten im großen Stil ausgewertet hatten. Frau Sanchez Mengeler kam ins Grübeln und wurde zusehends verunsichert. Sie informierte sich auf Facebook und stieß dort auf, wie sie es nennt, „alternative Fakten". Mehr und mehr bekam sie online Erzählungen geliefert, die gar nicht zu den Berichten in der etablierten Presse passten. Zum Beispiel folgte sie einer Seite namens „Anonymous.Kollektiv". Ihr gefiel, dass dieser Kanal angab, für Freiheitsrechte und gegen die Überwachung der Bevölkerung einzutreten. Was ihr damals aber nicht auffiel: Zunehmend postete diese Seite rechtsextreme Inhalte, wurde immer radikaler in der Tonalität. Und irgendwann hatte sich Frau Sanchez Mengeler selbst im Denken versteift: Überall meinte sie Anzeichen zu erkennen, dass eine kleine Elite ein dunkles Spiel treibe, dass diese Elite die Medien steuere und letztlich eine Versklavung der Menschheit plane. Für Außenstehende mögen sich solche Vorstellungen geradezu bizarr anhören – auch für Anja Sanchez Mengeler klingt das heute nicht mehr nachvollziehbar. Aber in der Szene von Verschwörungsgläubigen ist genau diese Ansicht, dass insgeheim eine „Neue

Weltordnung“ – die NWO – geplant würde, sehr populär. Und Frau Sanchez Mengeler steckte damals mitten in dieser Szene. Sie organisierte sogar in ihrem Wohnort eine „Mahnwache für den Frieden“, weil sie Angst hatte, dass es zu einem Dritten Weltkrieg kommen würde. Sie war nicht nur Zaungast in der Szene, sie war Akteurin.

Wie fand sie dann wieder hinaus? Es kam zu Momenten der Irritation, der persönlichen Enttäuschung und des Dazulernens, die in ihr den Keim eines Zweifels säten. „So wie der Einstieg schrittweise geschah, lief auch der Ausstieg schrittweise ab“, erzählte sie mir. Zum Beispiel zerstritt sie sich mit der Bekannten, die überzeugt war, selbst überwacht zu werden. Auch hatte sie Familienmitglieder wie ihren Mann oder ihre Schwester, die längst skeptisch beäugten, woran sie glaubte, die aber gleichzeitig nicht losließen, ihr zeigten, „du bist mir wichtig“. Und drittens gab es dann eben irritierende Momente, in denen Anja Sanchez Mengeler auffiel, wie sehr in ihrer Szene Erzählungen von Rechtsaußen kursierten – Erzählungen, die eigentlich gar nicht zu ihrem Weltbild passten. Zum Beispiel begann in dieser Zeit die Pegida-Bewegung mit ihren Demonstrationen – einigen ihrer Verbündeten gefiel diese Protestbewegung gegen die vermeintliche „Islamisierung des Abendlandes“. Aber Frau Sanchez Mengeler behagte das nicht: „Pegida passte nicht zu meinen Ansichten: Ich bin nicht gegen geflüchtete Menschen. Und auch an diese Verschwörungserzählung, dass Deutschland islamisiert würde, glaubte ich nicht.“ Das waren Situationen, in denen sie eine Ambivalenz spürte – und der Keim des Zweifels heranwuchs. Es gab dann einen Moment, in dem sie begriff, dass sie getäuscht worden war, und zwar als sie einen Faktencheck auf der Webseite Mimikama.at las, also die Überprüfung einer Falschmeldung im Internet.

Online waren Fotos im Umlauf, die angeblich eine große Verschwörung belegen sollten: Darauf abgebildet waren Flugzeuge, in denen zum Beispiel Tanks angebracht waren. Und es hieß, diese Flugzeuge seien „Chemtrails“-Flieger. Zur Erklärung: Die Chemtrails-Erzählung ist ein beliebter Verschwörungsmythos, wonach die Kondensstreifen am Himmel kein harmloses Nebenprodukt des Flugverkehrs seien, sondern ein Indiz, dass Flugzeuge gefährliche Substanzen versprühen. Das ist natürlich Humbug – und der Faktencheck zeigte auf: Die Fotos waren aus dem Kontext gerissen oder überhaupt manipuliert worden.[1] Anja Sanchez Mengeler erzählt: „Ich begann nachzudenken: Warum war mir das nicht klar gewesen? Warum hatte ich das nicht in Erwägung gezogen? Und wenn man anfängt, es gedanklich für möglich zu halten, dass die Gegenseite doch recht hat, sieht man, wie logisch manche Argumente sind. Und zunehmend merkte ich: Ich wurde belogen, manipuliert.“

Diese Aussage von Anja Sanchez Mengeler liefert eine wichtige Erkenntnis in Bezug auf die Bedeutung von Faktenchecks: Manchmal wird deren Sinnhaftigkeit oder Durchschlagskraft angezweifelt. Denn wenn jemand partout einer Richtigstellung nicht glauben will, wird selbst der beste Faktencheck an der Person abprallen. Aber das Beispiel von Anja Sanchez Mengeler zeigt: In einigen Fällen sind Faktenchecks sehr wohl wertvoll – denn wenn jemand (wieder) bereit ist, den Fakten zuzuhören, können solche Texte augenöffnend sein.

Es ist frustrierend, dass das Einstreuen nachweisbar richtiger Information nicht in jedem Fall fruchtet. Die einfachste Reaktion wäre oft, einfach aufzuhören, nicht mehr zu diskutieren, nicht mehr auf Fakten zu pochen. Ich glaube jedoch, dass dafür zu viel auf dem Spiel steht: Unsere Demokratie baut darauf auf, dass Menschen möglichst gut informierte Entscheidungen treffen. Für uns als Gesellschaft ist es sehr wohl von Bedeutung, dass ein möglichst großer Teil der Bevölkerung wissenschaftliche Erkenntnisse – zum Beispiel zum Coronavirus oder zur Klimakrise – ernst nimmt und wir basierend auf wissenschaftlicher Evidenz Entscheidungen treffen. Auch können Falschmeldungen bis hin zu Verschwörungserzählungen Schaden anrichten: Etwa, wenn Menschen fragwürdigen Gesundheitstipps folgen und angebliche „Heilmittel“ einnehmen, die in Wahrheit ihre Gesundheit schädigen. Oder wenn Verschwörungsmythen dazu führen, dass einzelne Personen enormes Misstrauen in Institutionen wie Politik, Medien, Wissenschaft entwickeln oder plötzlich sogar Gewalt als adäquates Mittel einstufen, um sich vor der angeblichen Verschwörung zu schützen. Diskutieren und weiterhin das Gespräch suchen, das ist mühsam. Aber es gibt viele gute Gründe, warum man ab und zu Einspruch erheben sollte oder es sich lohnt, auch im eigenen Umfeld immer wieder auf stichhaltige Argumente in Bezug auf Falschmeldungen und Verschwörungserzählungen hinzuweisen.

In diesem Buch werde ich drei Dinge machen: Zuerst werde ich erklären, wieso es oft schwierig ist, argumentativ zum Gegenüber durchzudringen. Wenn man manche kognitiven Abwehrmechanismen verstanden hat, mit denen unliebsame Fakten beiseitegeschoben werden, dann kann man daraus auch Gegenstrategien ableiten und neue Taktiken ausprobieren, um vielleicht besser gehört zu werden. Zweitens gehe ich auf unfaire rhetorische Methoden ein, mit denen unlogische Argumente, Halbwahrheiten oder glatte Erfindungen so verpackt werden, dass sie plötzlich einleuchtend klingen. Wenn man solche rhetorischen Tricks kennt, kann man diese anderen aufzeigen – und das Durchblicken von Fehl- und Desinformation fördern. Drittens werde ich ein paar konkrete Empfehlungen liefern: Wie kann man zum Beispiel die Korrektur einer Falschmeldung effizienter gestalten und sich beim Diskutieren klarer ausdrücken? Zum Schluss schlage ich einen Zugang des strategischen Diskutierens vor, bei dem man sich genau überlegt: In welchen Situationen ist es überhaupt sinnvoll, das Wort zu ergreifen? Und was können realistische Ziele beim Diskutieren sein?

Wir leben in Zeiten erhitzter Debatten. Wahrscheinlich hat der eine oder die andere schon miterlebt, wie Falsches oder Spekulatives gekonnt verbreitet wird, womöglich hat man selbst Menschen im engsten Umfeld, die solche Erzählungen glauben. Niemand von uns kann das Problem der Fehl- oder Desinformation im Alleingang lösen, das wäre komplett unrealistisch und zu viel verlangt. Aber was ich sehr wohl für möglich halte, ist, dass man auch als Einzelne oder Einzelner einen positiven Beitrag zur Debattenkultur leistet.

## WARUM ÜBERZOGENE ERWARTUNGEN SIE BEIM DISKUTIEREN BREMSEN WERDEN

Mein erster Tipp klingt paradox, aber ich meine das ernst: Gerade wenn Ihnen Fakten wichtig sind, haben Sie bitte nicht zu viel Vertrauen, dass Fakten allein ein Umdenken bewirken. Ehrlich gesagt, ist in manchen Fällen bereits ein Erfolg erzielt, wenn Ihr Gegenüber nach einer Diskussion auch nur den Hauch eines Zweifels verspürt. Und selbst das wird man nicht immer erreichen. Nehmen Sie das Beispiel von Anja Sanchez Mengeler: Lange Zeit war sie nicht für Faktenchecks zugänglich. Sie brauchte Ereignisse und eigene Erfahrungen, die in ihr nach und nach Zweifel weckten. Es ist nämlich so: Wenn wir Menschen etwas glauben wollen, dann hat unser Denkapparat eine Fülle von Schutzmechanismen parat, die uns vor widersprüchlicher Information – vor kognitiver Dissonanz – bewahren. Und im Folgenden werde ich einige solcher Mechanismen erklären. Denn meine eigene Erfahrung ist: Kennt man psychologische Mechanismen, mit denen Menschen unliebsame Information gedanklich beiseiteschieben oder umdeuten, dann schützt einen das vor Frustration. Diskutieren wird weniger aufwühlend, wenn man ein sehr klares Bild davon hat, wie faktenresistent Menschen (und zwar wir alle) sind. Zweitens wurden basierend auf solchen wissenschaftlichen Beobachtungen auch schon Gegenstrategien formuliert, mit denen man sich ein Stück weit besser verständlich machen kann. Zum Beispiel werde ich beschreiben, wie man Argumente so verpackt, dass sie eher gehört werden. Ich möchte noch einmal betonen: Ein Wundermittel beim Diskutieren gibt es nicht, sehr wohl aber gibt es ein paar Rezepte, die im besten Fall eine Spur besser funktionieren als der weitverbreitete Zugang, sein Gegenüber so lange mit Fakten zuzuschütten, bis es hoffentlich die Falschheit seiner Weltsicht verstanden hat. Letzteres funktioniert oft nicht: Denn niemand (auch ich nicht) geht in eine Debatte mit der Absicht, danach die Welt völlig anders zu sehen. Und je mehr man verinnerlicht hat, wie schwer wir Menschen uns damit tun, Informationen, die nicht unserem Weltbild entsprechen, aufzunehmen, desto pragmatischer, aber auch geschickter kann man beim Diskutieren sein.

Lassen Sie mich ein Beispiel geben, wie gekonnt Menschen unliebsame Information vom Tisch wischen. Ich muss oft an ein Telefoninterview zurückdenken, das ich 2017 mit einer Frau aus Bayern führte, eine Kritikerin der Flüchtlingspolitik von Angela Merkel und eine Wählerin der AfD. Sie war auf Facebook auf eine irreführende Meldung über Angela Merkel hereingefallen, wonach die deutsche Bundeskanzlerin auf „12 Millionen Einwanderer" hoffe – ein Unsinn.[3] Diese Aussage wurde Merkel einfach in den Mund gelegt. Bemerkenswert fand ich, dass die Frau aus Bayern durchaus anerkannte, dass die Behauptung falsch gewesen war. Nur schien es sie nicht sonderlich zu stören. Ich hatte vermutet, dass es die Frau ärgern könnte, einer falschen Aussage aufgesessen zu sein. Aber sie widersprach mir. Sie sagte: „Was heißt ärgern? Ärgern tut es mich insofern nicht, weil ich der Meinung bin, es kann passieren. Auch wenn es jetzt momentan nicht gestimmt hat, ist es doch eine Meldung, die passieren kann – wenn nicht heute oder morgen, dann vielleicht in einem halben Jahr."[4]

Mich hat diese Formulierung vor den Kopf gestoßen: Was antwortet man auf so etwas? Die Frau akzeptierte zwar, dass die Behauptung über Angela Merkel falsch gewesen ist, aber sie meinte gleichzeitig, die Meldung könnte eines Tages noch wahr werden. Ich persönlich finde es schwierig, in solchen Situationen schlagkräftig zu kontern, weil die Diskussion mit einem Schlag die Tatsachenebene verlässt: Es geht nicht mehr darum, was Person XYZ *nachweislich* gesagt oder getan hat; es geht plötzlich darum, was jemand über Person XYZ *fühlt*, was er oder sie ihr *zutrauen* würde.

Eine Reaktionsmöglichkeit in so einer Situation kann übrigens sein, dass man genau das anspricht und sagt: „Moment, das irritiert mich jetzt, was Sie sagen. Weil ich denke, jede Politikerin, jeder Politiker sollte nur danach bewertet werden, was sie oder er gesagt hat – nicht danach, welche Gefühle man für die Person hat." Man legt in solchen Situationen offen, welche Gesprächstaktik jemand gerade einsetzt. Das ist vor allem dann sinnvoll, wenn Dritte danebenstehen und mithören oder wenn sie in einem Chat oder in sozialen Medien mitlesen, weil man dadurch einordnet, was rhetorisch gerade abläuft. Aber es heißt nicht, dass Ihr Gegenüber sich von dieser Intervention beeindrucken lässt – es kann gut sein, dass die Person einfach ähnlich weiterargumentiert.

Denn solche Argumentationsmuster sind keine Seltenheit, ganz im Gegenteil – generell sollte man davon ausgehen, dass Menschen zu „motivated reasoning" neigen, wenn sie einen Politiker oder eine Politikerin nicht mögen, oder wenn ihnen ein Thema regelrecht unter den Nägeln brennt. Bei Themen, denen man beispielsweise mit einer klaren Präferenz gegenübersteht, kommt es zu zielgerichtet motiviertem Denken – man verhält sich häufig unneutral gegenüber der Information, verarbeitet diese passend zur Wunschvorstellung. Einiges deutet darauf hin, dass wir nicht so sachlich sind, wie es für uns selbst anmutet: Das beginnt bei der Informationsauswahl zu dem Thema, reicht über die Einordnung der gefundenen Information bis hin zur Erinnerung, welche Details man eher abruft. In einem Experiment mussten beispielweise US-amerikanische Teilnehmende Artikel zu umkämpften politischen Themen online suchen und lesen – es ging um Streitfragen wie Waffengesetze, staatliche Gesundheitsversorgung, Abtreibung. Die Versuchspersonen verbrachten 64 Prozent mehr Zeit mit jenen Inhalten, die ihrer Weltsicht entsprachen. Sie vermieden also konträre Ansichten nicht komplett, aber sie schenkten ihnen etwas weniger Aufmerksamkeit.[5]

Ein wesentlicher Aspekt ist auch: Information, die unsere Sichtweise bestätigt, nehmen wir verstärkt auf – das ist der sogenannte „Confirmation Bias“, auf Deutsch der Bestätigungsfehler. Hingegen unliebsame Information, die zweifeln wir eher an – der sogenannte „Disconfirmation Bias“. Jeder kennt das von sich selbst: Sie lesen einen Zeitungstext, der Ihren Ansichten widerspricht, das irritiert Sie wahrscheinlich. Und möglicherweise beginnen Sie, in Ihrem Kopf Gegenargumente zu formulieren. Denken sich, vielleicht berücksichtigt der Artikel nicht alle relevanten Aspekte, vielleicht ist die zitierte Quelle gar keine Fachperson. Lesen Sie jedoch einen Text, der Ihnen gefällt bzw. der Ihre Weltsicht stützt, werden Sie gar nicht erst auf die Idee kommen, solche Fragen zu stellen.

Solche Effekte fallen immer wieder in Experimenten auf – und zwar nicht erst, seitdem es das Internet und soziale Medien gibt. In den 1970er-Jahren führten die Psychologen Charles G. Lord, Lee Ross und Mark Lepper eine interessante Untersuchung durch: Sie wollten wissen, wie unterschiedlich denkende Menschen auf die exakt selbe Information reagieren. Konkret wurde das anhand des polarisierenden Themas der Todesstrafe getestet: Personen, die entweder die Todesstrafe deutlich ablehnten oder diese klar befürworteten, mussten für diese Untersuchung Unterlagen lesen, die sowohl Argumente pro als auch contra Todesstrafe enthielten. Sie kamen also auch in Kontakt mit Aussagen, die die Gegenseite bestätigten. Ganz nüchtern betrachtet, hätte eine Annäherung der Positionen stattfinden sollen, weil beide Gruppen dieselben Texte lasen. Das Gegenteil geschah: Die Positionen verhärteten sich – wer die Todesstrafe befürwortet hatte, begrüßte sie nun vielfach noch vehementer. Und wer sie zuvor abgelehnt hatte, wies eine größere Chance auf, ihr nun noch abgeneigter gegenüber zu stehen. Das verdeutlicht: Menschen können aus derselben Information unterschiedliche Rückschlüsse ziehen oder dabei vor allem jene Aspekte berücksichtigen, die ihnen gut ins Konzept passen.[2]

Wir bewerten nicht nur Information passend nach unserem Weltbild, wir stufen auch Menschen danach ein. Bei wem erkennen wir die Expertise an – und wen nehmen wir weniger ernst? Dazu hat der Rechtswissenschaftler Dan Kahan von der Universität Yale gemeinsam mit Kollegen meine Lieblingsbefragung in diesem Bereich durchgeführt – ich finde sie nämlich sehr ausgeklügelt. Die Studie erfand fiktive Lebensläufe US-amerikanischer Wissenschaftler*innen, die beeindruckend klangen. Den Befragten wurde der Eindruck vermittelt, es handle sich um reale Personen, und sie mussten bewerten, wem sie eine hohe Expertise zusprachen. Nüchtern betrachtet hätten sämtliche der aufgelisteten Forschenden als fachkundig eingestuft werden müssen – jedoch passierte das nicht. Befragte, die politisch nach links tendieren, stuften Personen eher dann als fachkundig ein, wenn diese Ansichten vertraten, die im linken Spektrum hohe Anerkennung bekommen (etwa im Bereich Klimakrise). Und konservative Befragte machten das Gleiche: Sie sprachen dann eher von Expertentum, wenn aus dem erfundenen Lebenslauf hervorging, dass die Person bereits Positionen passend zu konservativen Wertvorstellungen eingenommen hatte. Widersprachen die erfundenen Standpunkte jedoch den Ansichten, die im eigenen politischen Lager verbreitet sind, dann wurde die Expertise eher in Zweifel gezogen. Dan Kahan nennt das „politisch motiviertes Denken" und er meint, dass Gruppenidentität hier die entscheidende Rolle spielt.[6] In der Forschung gibt es nämlich durchaus eine lebhafte Debatte darüber, welches Konzept oder welche Theorie die oft augenscheinliche Faktenresistenz von uns Menschen am besten beschreibt – einfach ausgedrückt deutet zumindest einiges darauf hin, dass eine starke politische Überzeugung erschweren kann, wie nah man unliebsame Aussagen an sich heranlässt.

## STRATEGIE WECHSELN: BERÜCKSICHTIGEN SIE BEIM DISKUTIEREN NICHT NUR FAKTEN

Vielen Menschen ist durchaus bewusst, wie einseitig unser Denken ist. Aber diese Erkenntnis zwingt einem in Diskussionen geradezu eine Gegenstrategie auf, nämlich dem Gegenüber quantitativ nicht noch mehr gleichartige Argumente aufzudrängen, was oft nicht zielführend ist. Probieren Sie stattdessen aus, ob eine andere Stoßrichtung Ihres Arguments möglicherweise wirkungsvoller ist.

Diese Taktik wurde im Bereich der Klimafakten erforscht. Warum gerade dort? Weil es einen eklatanten Widerspruch zwischen Forschungsergebnissen und politischer Debatte gibt – von manchen wird die Erkenntnis eines menschengemachten Klimawandels sogar geleugnet. Speziell in den USA ist eine politische Spaltung deutlich,

Mitglieder oder Fans der republikanischen Partei verharmlosen tendenziell die Erderhitzung. Das deutlichste Beispiel ist Donald Trump, der bereits eine ganze Palette widersprüchlicher Aussagen zu der Thematik vorbrachte – mal nannte er die Idee der Erderhitzung eine Erfindung, dann deutete er an, es gibt eine Erhitzung des Klimas, aber der Mensch sei nicht verantwortlich dafür. Beide Sichtweisen widersprechen dem Stand der Forschung. Die überwiegende Mehrheit der zum Klima Forschenden geht davon aus, dass die Erderhitzung sowohl real ist als auch maßgeblich vom Menschen verursacht wird. 97 Prozent der Studien zu dieser Thematik, die auch Gründe für die steigenden Erdtemperaturen erwähnen, führen an, dass der Mensch die globale Erhitzung durch den Ausstoß von Treibhausgasen verursacht.[8] Es lässt sich hier also von einem breiten Konsens in dieser Fachrichtung sprechen. Was kann man aber tun, damit ein größerer Teil der Bevölkerung die Klimakrise ernst nimmt – und auch dementsprechend ernste Maßnahmen akzeptiert?

In den USA und Australien gibt es mittlerweile etliche Untersuchungen, wie man solche Klimaskeptiker*innen besser ansprechen kann – diese Forschungsergebnisse bieten auch Einblick, wie sich unliebsame Fakten so verpacken lassen, dass sie eher auf Gehör stoßen. In einer Studie der University of Queensland wurden verschiedene Argumentationsformen getestet, um die Zustimmung zu Klimaschutz-Maßnahmen zu erhöhen: Erstens hieß es, dass Schritte gegen die Klimakrise sinnvoll sind, um Schäden für Umwelt und unsere Gesellschaft zu vermeiden – das ist das klassisch ökologische Argument. Zweitens wurde aber auch argumentiert, dass es den Zusammenhalt fördere, wenn die Gesellschaft gemeinsam an einem Strang zieht und den Klimawandel meistert. Und drittens wurde die Argumentation getestet: Maßnahmen gegen den Klimawandel zu setzen, eröffnet eine wirtschaftliche Chance für neue Jobs und Innovation. Das Ergebnis: Das klassisch ökologische Argument wirkte vorrangig bei jenen, die ohnehin schon überzeugt waren. Im Englischen nennt man so etwas „preaching to the converted", man erreicht vor allem jene, die man ohnehin schon erreicht hat. Jedoch wiesen Argument Nummer zwei und drei eine größere Überzeugungskraft auch bei jenen auf, die Zweifel in Bezug auf die Klimathematik haben. Die dritte Argumentation, wonach eine grüne Wende auch Wirtschaftschancen bietet, war übrigens gezielt so formuliert worden, dass sie marktliberale Konservative in den USA anspricht, denen Ökologie womöglich weniger am Herzen liegt als Ökonomie.[9] Man nennt das „wertebasierte Kommunikation". Der Ökonom Matthew Hornsey und die Psychologin Kelly Fielding sprechen hier auch vom „Jiu-Jitsu"-Stil beim Kommunizieren. Denn bei der Kampfkunst Jiu-Jitsu tritt man anderen nicht frontal entgegen, sondern man leitet ihre Kraft und ihr Momentum um, um den gewünschten Effekt zu erzielen. Und auch beim Jiu-Jitsu-Diskussionsstil nutzt man die bestehenden Wünsche oder Wertvorstellungen der anderen Person, um diese auf ein Argument zu lenken, das sie sonst weniger ernst nehmen würde.[10]

**TIPP**

---

Es gibt nicht nur die frontale Konfrontation – sondern auch eine flexiblere Form des Diskutierens

---

Im Einsatz gegen Falschmeldungen oder Spekulationen kann es helfen, sich den Wertvorstellungen oder den Ängsten der anderen Person nicht frontal entgegenzustellen, sondern vorhandene Anknüpfungspunkte in die eigene Argumentation aufzunehmen: Zum Beispiel kursieren viele Falschaussagen über Microsoft-Gründer Bill Gates, über die Stiftung, die er und seine Frau Melinda gegründet haben, und über das Thema Impfungen. Schon seit Jahren ist Gates ein Feindbild der besonders impfkritischen Szene, da seine Stiftung enorm viel Geld in Impfprogramme in Entwicklungsländern steckt und Forschung zu Krankheiten finanziert. Ihm werden die abstrusesten Dinge vorgeworfen, etwa dass Gates in Kenia Frauen reihenweise sterilisiert hätte oder – in der Coronakrise – dass er Menschen durch eine Impfung in Wirklichkeit heimlich Mikrochips implantieren wolle. Das ist natürlich eine substanzlose Erfindung.[11] Das Problem ist in meinen Augen, dass sich Bill Gates auch deshalb so gut als Feindbild eignet, weil sich in erfundenen Geschichten über ihn die Ängste vieler Menschen widerspiegeln: Dass sich nämlich der Staat aus dem Gesundheitssystem und der Forschung zurückziehen könnte und zunehmend Superreiche diese Rolle ausfüllen. Ich glaube sogar, eine Privatisierung von Forschung und Gesundheitssystem ist durchaus eine berechtigte Sorge – nur heißt das noch lange nicht, dass Bill Gates Frauen sterilisieren, Menschen Mikrochips einpflanzen will oder irgendeinen dunklen Plan verfolgt. Wenn ich mit Personen diskutiere, die negativ über Gates denken, womöglich auch nachweisbar falsche Behauptungen über ihn wiedergeben, dann sage ich genau das: Ich verstehe die Skepsis, die Menschen spüren, wenn einzelne

Milliardäre und nicht die Allgemeinheit medizinische Forschung prägen. Aber trotz solcher Skepsis sollte man fair bleiben. Es ist unfair, Bill Gates etwas zu unterstellen, das er nachweislich nie gesagt oder nie getan hat. Meine Erfahrung ist: Einige sind durchaus für diese Differenzierung erreichbar – solange sie merken, dass für sie relevante Werte ernst genommen werden.

Natürlich bedeutet das auch, dass es Grenzen gibt, wie weit sich der Jiu-Jitsu-Kommunikationsstil, oder nennen wir es „wertebasiertes Kommunizieren", anwenden lässt: Wenn man zum Beispiel mit Rechtsextremen diskutiert, wird man höchstwahrscheinlich nicht versuchen, die eigenen Argumente basierend auf deren Weltsicht auszurichten. Es gibt eben dermaßen radikale Positionen und Wertvorstellungen, dass Jiu-Jitsu-Kommunikation nicht mehr möglich ist. Wenn jemand bestimmte Menschengruppen nur als Menschen zweiter Klasse betrachtet oder demokratiefeindliche Einstellungen vertritt, dann wäre es natürlich kontraproduktiv, an diese Sichtweisen zu appellieren. Denn das wertebasierte Diskutieren bedeutet, dass man sich stark auf die andere Perspektive einlässt. Eine Schattenseite dieser Technik ist auch, dass man zum Beispiel beim Thema Klimakrise plötzlich über Ökonomie und nicht über Ökologie spricht, um die es im Kern geht. Nichtsdestotrotz halte ich es für einen pragmatischen und klugen Zugang beim Diskutieren, dass man in heiklen Gesprächen fokussierter darüber nachdenkt: Kann ich meine Argumente so formulieren, dass sie besser zu den Wertvorstellungen meines Gegenübers passen? Das kann auch beim Diskutieren in der Familie oder im engen Umfeld dienlich sein, wo man sich zwar nahe steht, aber auch nicht alles deckungsgleich sieht. In diesen Situationen kennt man meistens die Werte und Überzeugungen der anderen Person recht gut und kann dies womöglich auch stärker bei der Stoßrichtung der eigenen Argumente berücksichtigen.

Jedoch ist die Situation häufig vertrackt: In manchen Fällen werden Sie gar nicht so nahe an das Gegenüber herankommen, dass Sie Jiu-Jitsu, diese flexible Art des Diskutierens, nutzen können: Oft verunglücken Debatten schon, bevor sachliche Argumente ausgetauscht werden – weil beleidigende Äußerungen fallen, weil die Stimmung so aufgeheizt ist, dass ein argumentatives Aufeinanderzugehen kaum noch möglich ist.

## WARUM ES SO SCHWIERIG IST, GELASSEN ZU BLEIBEN

Wofür ich im Grunde plädiere, ist eine sehr nüchterne, abgeklärte Art des Diskutierens. Aber machen wir uns nichts vor: Einfach ist das nicht. Wenn ein guter Bekannter die Verschwörungserzählung verbreitet, dass alle Forschenden in der Medizin gekauft seien; wenn selbst die eigene Mutter behauptet, dass Bill Gates in Kenia Millionen von Menschen „zwangssterilisiert" habe, ist es vielleicht nicht ganz so einfach, gelassen zu bleiben.

Ich selbst beschäftige mich seit Jahren mit Phänomenen wie Desinformation und Hasskommentaren im Internet –

und auch mir kommen immer wieder Wortmeldungen unter, die mich einfach fassungslos machen. Ich folge zum Beispiel Facebook-Gruppen impfkritischer Eltern, um zu erfahren, welche Narrative in dieser Szene verbreitet werden. Neulich brachte eine Mutter in so einer Gruppe folgende Frage auf: „Wenn ihr ins Krankenhaus (notaufnahme) müsst, mit kind und ihr gefragt Werdet ob es geimpft ist, lügt ihr dann?“ In der darauffolgenden Debatte empfahl ihr beispielsweise eine Mutter: „Ja, definitiv lügen!!“ Ein Vater lieferte Formulierungstipps, wie man derartige Fragen gut umschiffen kann. Mich irritieren solche Aussagen zutiefst: Wahrscheinlich ist es generell eine schlechte Idee, Ärztinnen und Ärzte in der Notaufnahme anzulügen. Aber vor allem ist das Thema Impfungen ein besonders sensibles Feld. Denn es gibt Kinder, die können aufgrund einer Immunschwäche nicht geimpft werden – und gerade diese sind davon abhängig, dass andere Kinder rund um sie geimpft sind und auf diese Weise eine Herdenimmunität entsteht. Mich regt das wirklich auf, wenn impfkritische Eltern ihr Umfeld sogar anlügen und eine ärztliche Behandlung erschweren.

Worauf ich hinaus will: Wenn Sie zu umstrittenen Fragen wie Impfungen oder umkämpften politischen Themen diskutieren, dann sollten Sie sich darauf gefasst machen, dass Argumente fallen werden, die Sie vor den Kopf stoßen. Und der naheliegende erste Impuls ist, genauso heftig darauf zu reagieren – zum Beispiel mit Häme. Dann sagt man: „Bitte nimm den Aluhut ab“, um zu signalisieren, dass jemand gerade Verschwörungserzählungen verbreitet. Das Problem ist nur: Beleidigungen oder auch Spötteleien haben eine toxische Wirkung. Falls Ihr Ziel ist,

Andersdenkende potenziell noch zu erreichen, empfiehlt es sich, dem Gegenüber eine mentale Abwehrhaltung nicht allzu einfach zu machen. Anja Sanchez Mengeler erzählte mir, dass sie folgende Strategie anwendet: Sie diskutiert bis heute gerne auf Facebook, sie hat in ihrer Freundesliste auch noch Kontakte, die an eine große Verschwörung glauben. Obwohl sie hier mittlerweile klar eine andere Meinung vertritt, achtet sie sehr darauf, eine Verhärtung der Fronten zu vermeiden: „Ich versuche zu zeigen, ich bin nicht deiner Meinung, aber ich bin nicht dein Feind". Denn sie erinnert sich, wie toxisch solche Feindbilder sind und wie sich Häme anfühlt. „Es gibt zum Beispiel Menschen", sagt sie, „die der Wissenschaft vertrauen, die sagen Sachen wie: Ihr dummen Verschwörungsgläubigen. Oder: Ihr seid ja alle verstrahlt. So wurde auch manchmal mit mir umgegangen – und ich kann sagen, das war nicht hilfreich. Im Gegenteil, so etwas hat mich damals in meinem Glauben bestärkt."

Diskutieren kommt einem Drahtseilakt gleich. Es geht einerseits darum, rote Linien aufzuzeigen; Menschen auch verständlich zu machen, dass Aussagen, die sie weitererzählen, beispielsweise von rassistischen oder antisemitischen Vorstellungen geprägt sind. Es ist wichtig, die problematische Seite falscher oder spekulativer Behauptung zu dekonstruieren – auch damit Menschen, die bei einer Konversation zuhören oder mitlesen, dies verstehen. Aber wenn das Ziel ist, die Person, mit der man diskutiert, inhaltlich zu erreichen, dann sollte man stark auf die eigenen Worte achten, um damit nicht eine zusätzliche Hürde zu schaffen. Es kann schnell geschehen, dass man dann beim Diskutieren in einer Frontenstellung landet, auch wenn man dies gar nicht so beabsichtigt hatte. Es gibt sogar wissenschaftliche Daten, wie Andersdenkende im Internet aufeinander reagieren. Ein Forschungsteam aus den Disziplinen der Informatik, Statistik und Physik analysierte einmal zwei Typen von Facebook-Seiten: Zum einen wurden 32 Facebook-Seiten ausgewertet, die Verschwörungserzählungen verbreiteten – die beispielsweise vor der „Neuen Weltordnung“ warnten oder behaupteten, HIV sei nicht die Ursache von AIDS. Als Kontrast dazu wurden auch 35 Facebook-Seiten analysiert, die eine ganz andere Ausrichtung hatten – sie verbreiteten Wissenschaftsneuigkeiten. Das Forschungsteam wollte wissen: Kommen diese Fans von Verschwörungsmythen und die Fans von Wissenschafts-News miteinander in Kontakt? Es zeigte sich: Diese zwei Gruppen blieben unter sich. Sogenannte „homogene, polarisierte Cluster“ fielen auf – also Ansammlungen von Menschen, die gleiche Interessen haben und zu der anderen Gruppe kaum Kontakt pflegen.[12] In einer zweiten Auswertung beleuchtete die Forschungsgruppe noch einen weiteren Aspekt: Sie untersuchten jene seltenen Fälle, in denen die zwei Gruppen – also Fans von Verschwörungserzählungen und Fans von Wissenschaftsnachrichten – ausnahmsweise doch in Onlinediskussionen aufeinandertrafen. Und hier stellten sie fest: Je länger diese beiden Gruppen miteinander diskutierten, desto negativer wurde der Tonfall.[13]

Wenn Andersdenkende aufeinanderstoßen, besteht die Gefahr, dass dies nicht zur Verständigung führt – sondern Eskalation wahrscheinlicher wird, bei der am Ende beide Seiten dem Thema noch aufgebrachter gegenüberstehen. Und auch das sage ich nicht einfach so, dazu gibt es

ebenfalls eine bemerkenswerte Studie, an der unter anderem der deutsch-amerikanische Kommunikationswissenschaftler Dietram Scheufele von der University of Wisconsin-Madison mitwirkte. Scheufele beschäftigt sich mit der Frage, wie man Menschen Wissenschaft vermitteln kann. In diesem Experiment mussten rund 1200 Menschen einen neutral verfassten Onlineartikel zum Thema Nanotechnologie lesen. Bei Nanotechnologie werden winzige Partikel erzeugt, die neue Produkte ermöglichen – zum Beispiel wasserabweisende Kleidungsstücke oder neue, effiziente Medikamente. Das Thema Nanotechnologie wurde auch deshalb gewählt, weil hier die Meinungen noch nicht so festgefahren sind wie beispielsweise in der Klimadebatte und man messen kann, wie sich unfreundliche Kommentare auf die Wahrnehmung des Themas auswirken. Die Teilnehmenden mussten den ausgewogenen Onlinetext zum Thema Nanotechnologie lesen und darunter auch Postings – wobei ein Teil der

Befragten eine lebhafte Diskussion mit reichlich Widerspruch vorfand, in der jedoch keine Schimpfworte fielen. Ein anderer Teil las die nahezu identen Internetkommentare, nur waren zusätzlich noch Schimpfworte eingefügt worden. Zum Beispiel hieß es in einem Kommentar: „Wenn du die Vorzüge des Einsatzes von Nanotechnologie nicht verstehst (...), bist du ein Idiot."

Es stellte sich heraus, dass das Lesen von Beleidigungen einen Effekt hatte. Jene Testpersonen, die mit Kommentaren mit Schimpfworten konfrontiert worden waren, schienen sich öfter hinter der eigenen Meinung zu verbarrikadieren. Wer tendenziell pro Nanotechnologie war, zeigte sich danach tendenziell umso überzeugter davon. Wer sie eher ablehnte, verteufelte sie danach im Schnitt stärker. Jene Gruppe hingegen, die zwar eine lebhafte Debatte, aber keine Schimpfworte gelesen hatte, war nicht so gespalten. Das ist ein bemerkenswertes Ergebnis, weil es mit Daten untermauert, was viele vielleicht schon vermutet hatten: Selbst das Einstreuen harmloser Schimpfworte kann eine spaltende Wirkung haben – die Forschenden nennen das den „Nasty Effect", den „fiesen Effekt". Denn es ist ziemlich fies, wie Schimpfworte eine Debatte negativ beeinflussen.[14]

Dietram Scheufele erzählte mir dazu etwas Interessantes: Man kann gegen den Nasty Effect auch ankämpfen. Zum Beispiel ist es wichtig, Diskussionsräume zu haben, in denen die Teilnehmenden sehen, dass Beleidigungen nicht geduldet werden. Er sagte: „Wir haben noch ein zweites Experiment durchgeführt: Menschen lasen wieder beleidigende Onlinekommentare unter Artikeln. Nur wurde manchen von ihnen dieses Mal der Hinweis eingeblendet:

‚Dieser Kommentar wurde entfernt.' Sie sollten also den Eindruck bekommen, dass unfreundliche Kommentare gelöscht worden waren, dass moderiert wurde. Dadurch wurde der Nasty Effect deutlich schwächer."[15] Das ist eine beeindruckende Beobachtung, denn sie legt nahe: Wenn Menschen mitbekommen, dass auf das Diskussionsklima geachtet wird, dann wird die Spaltung kleiner. Und Dietram Scheufele meint, dass man auch als Einzelne oder Einzelner etwas daraus mitnehmen kann: „Wenn wir selbst mit einer harten Wortmeldung konfrontiert sind, sind wir versucht, mit Härte darauf zu reagieren. Aber es stellt sich schon auch die Frage, wie man selbst die Gangart im Gespräch anlegt: Man kann auch versuchen, jene Person zu sein, die einen Gang runterschaltet."

Mir selbst geben diese Untersuchungen immer wieder zu denken: Es ist nur menschlich, dass auf manche Vorfälle oder Aussagen durchaus entsetzt reagiert wird. Nach den großen Corona-Demos, bei denen Tausende Menschen gegen die staatlichen Maßnahmen zur Eindämmung des Virus auf die Straße gingen, wurden diese Protestierenden vielfach als „Covidioten" bezeichnet. Wie schon erwähnt, war ich Ende August 2020 als Journalistin auf solch einer Demo in Berlin und habe einige problematische Szenen beobachtet: Zum Beispiel Menschen, die auf ihr T-Shirt oder auf ein Plakat den „Judenstern" aufgedruckt hatten – und damit suggerieren, die Gräuel des Nationalsozialismus wären in irgendeiner Weise gleichzusetzen mit den Corona-Maßnahmen. Oder Plakate, welche die Inhaftierung des Virologen Christian Drosten forderten. Es erscheint mir geradezu paradox, im Namen der Freiheit auf die Straße zu gehen und dann die Inhaftierung eines Mediziners zu verlangen, der lediglich seine Arbeit macht. Und besonders unbehaglich sind gerade jene Rechtsextreme, die auf diesen Demos mitmarschieren und diese für gewalttätige Aktionen oder zum Verbreiten ihrer Ideologie nutzen. Ich halte es für wichtig, dass Medien all dies aufzeigen, hart diskutieren – und trotzdem bin ich kein Fan davon, wenn die Demonstrierenden pauschal als „Covidioten" bezeichnet werden, denn dieses Wort bringt keinen Mehrwert für die Diskussion. Man lacht vielleicht darüber oder fühlt sich für einen Augenblick bestätigt – aber es ist ohnehin schon so schwierig, andere argumentativ bei diesem polarisierenden Thema zu erreichen. Eine solche Wortwahl heizt eine ohnehin schon erhitzte Debatte noch weiter an.

**TIPP**

Vermeiden Sie den Nasty Effect im persönlichen Austausch!

Im eigenen Umfeld ist das durchaus ähnlich: Zum Beispiel ist es in der Familie oft auch nicht einfach, gelassen zu bleiben. Es wühlt uns womöglich umso mehr auf, wenn eine geliebte Person faktenwidrige Behauptungen aufstellt, wenn die eigene Mutter partout die Existenz von Viren abstreitet oder der eigene Vater behauptet, die Klimakrise sei eine Erfindung geldhungriger Forschender. Man sagt dann sehr schnell: „Red nicht so einen Blödsinn!" Oder man reagiert mit Spott, auch aus einem Gefühl der Überforderung heraus. Mir hat zum Beispiel ein Beamter aus Wien, dessen Bruder im Rahmen der Coronakrise zum Maskengegner wurde, Folgendes erzählt: Während des ersten Lockdowns im Frühjahr 2020 hatten die beiden wenig Kontakt. Eines Tages erhielt er ein E-Mail seines Bruders, das zu Youtube-Videos führte – in denen es gegen den Microsoft-Gründer Bill Gates, den Virologen Christian Drosten und Lothar Wieler vom Robert-Koch-Institut ging und behauptet wurde, in Dänemark werden Menschen bereits zwangsgeimpft. Der Beamte glaubte zuerst, sein Bruder mache einen Witz. Er musste dann aber feststellen: Sein Bruder meinte das ernst. Sein Fazit lautet: „Was ich seither gelernt habe: Das Wichtigste ist, so zu reagieren, dass man nicht noch mehr Widerstände erzeugt. Man muss diese Gesprächsbasis aufrechterhalten, damit einem der andere zumindest ein bisschen zuhört." Also: Vermeiden Sie auch im persönlichen Austausch den Nasty Effect, also dass sich nach einer scharfen Wortwahl oder Spott die Fronten verhärten. Gerade im persönlichen Umfeld hat man noch eher die Chance, eine gemeinsame wertschätzende Diskussionsebene zu finden – oder zumindest auf lange Sicht die Gesprächsebene zu bewahren, wenn einem jemand wichtig ist.

Dazu passt auch die Erfahrung von Anja Sanchez Mengeler: Ich habe eingangs erzählt, dass sie Familienmitglieder hatte, die ihren Ansichten zwar skeptisch gegenüberstanden, die aber weiterhin eine wertschätzende Beziehung zu ihr pflegten. Eine solche Person war auch ihre Schwester, die Sozialarbeiterin ist und die zum Beispiel in persönlichen Gesprächen fragte: „Meinst du wirklich, dass die Presse so manipuliert ist?" Das war allerdings nicht das Einzige, was ihre Schwester tat, erzählte mir Frau Sanchez Mengeler: „Wir haben dann aber auch den ganzen lieben langen Tag viele andere Themen gehabt, sie hat unsere Bindung weitergeführt, so nach dem Motto: ‚Ich lass dich nicht fallen, du bist mir wichtig.' Ich glaube, das war ein wichtiger Punkt, dass wir nicht nur darüber gesprochen haben. Sondern dass sie mich auch aus dieser Welt ein bisschen herausgeholt hat. Weil wenn man in der Verschwörungsszene drinnen ist, sieht man ja überall irgendwelche Anzeichen dafür. Dann ist es vielleicht auch entspannend, in dieser Welt des Misstrauens mit etwas Normalität konfrontiert zu werden."

Wohlgemerkt wäre es eine falsche Hoffnung, zu sagen, dass dies in jedem Fall, in jeder Familie funktioniert. Aber dieses grundsätzliche Gefühl der Wertschätzung ist ein wichtiger Baustein, damit einem der oder die andere in einem Gespräch noch zuhört.

Dazu gibt es eine interessante Theorie des US-amerikanischen Psychologen Claude Steele: Menschen haben das Bedürfnis, sich selbst als integer zu sehen. Auch unsere Überzeugungen sind Teil der eigenen Selbstsicht. Man tut sich deshalb schwer mit Fakten, die der eigenen Weltsicht widersprechen, weil eine richtige, aber unerwünschte Information sich schnell wie ein Angriff auf die eigene Person anfühlen kann. Wenn wir etwas hören, das unserer Meinung widerspricht, kann das durchaus auch unbewusst einen gefühlten Angriff auf uns selbst darstellen. Dies ist Teil der sogenannten „Self-Affirmation-Theory".

In vielen Diskussionen ist es sinnvoll, Falsches zu benennen – aber der anderen Person die Möglichkeit geben, ihr Gesicht zu wahren, auch wenn sie eine Falschmeldung geglaubt hat. Ein konkreter Tipp: Mich fragen Leute oft, was sie machen sollen, wenn gute Bekannte in einer WhatsApp-Gruppe Falschmeldungen verbreiten. Manche schreiben dann in der Gruppe zurück, korrigieren die Aussage, posten den Faktencheck. Wenn Sie eine gute Gesprächsbasis zu dieser Person haben, können Sie auch Folgendes tun: Nicht gleich öffentlich antworten, sondern der Person zuerst eine private Nachricht senden. Sie können zum Beispiel schreiben: „Ich habe gesehen, dass du den Artikel von der Quelle XYZ gepostet hast. Ich möchte nur sagen, ich habe das neulich auch gelesen und dann gemerkt: Das ist eine sehr unseriöse Seite, hier gibt es einen Faktencheck …" Diese Korrektur unter vier Augen kann es erleichtern, dass die Person öffentlich zurückrudert. Natürlich funktioniert dieser Zugang auch nicht immer – schon gar nicht, wenn die Person bereits von der Erzählung überzeugt ist. Aber ich empfehle, vorsichtig vorzufühlen, wie sehr jemand von einer Falschbehauptung eingenommen ist, um dann die eigene Diskussionstaktik dem anzupassen.

## DER EMOTIONALE WERT VON GERÜCHTEN UND VERSCHWÖRUNGSERZÄHLUNGEN

Wenn wir über Desinformation sprechen, gibt es – so mein Eindruck – manchmal eine unrealistische Hoffnung: Wir brauchen nur noch mehr Faktenchecks, noch mehr Information, dann wird sich das Problem schon irgendwie lösen. Aber das blendet aus, dass ein wesentlicher Teil des Erfolgs von falschen Erzählungen nicht auf der Faktenebene basiert. Viele wilden Gerüchte oder Erfindungen sind so erfolgreich, weil sie einen nicht kognitiv, sondern emotional packen. Die Macht von Emotionen spielt hier eine Rolle. In der Erforschung sozialer Netzwerke wird es als „emotional contagion", also als emotionale Ansteckung, bezeichnet, dass negative Wortmeldungen tendenziell weitere negative Wortmeldungen hervorrufen – und im Gegenzug auch positive Äußerungen weitere positive Äußerungen auslösen. Dies wurde etwa im Jahr 2014 beobachtet, als die Computerwissenschaftler Emilio Ferrara und Zeyao Yang das Verhalten von 3800 Profilen auf Twitter auswerteten. Die beobachteten Userinnen und User steckten sich mit positiven oder negativen Postings an.[16]

Was das Thema der Desinformation betrifft, sind nun einzelne negative Emotionen von besonderer Relevanz: Viele falsche Erzählungen lösen Wut aus. Wenn Sie beispielsweise wirklich daran glauben, dass Flugzeuge heimlich Gift versprühen, wird Sie das wohl wütend machen. Wenn Sie es auch nur ansatzweise für möglich halten, dass die deutsche

Bundesregierung mit den Corona-Maßnahmen eine Diktatur errichten möchte, werden Sie wohl aufgebracht sein.

Wut hat die Eigenheit, dass sie Menschen stark aktiviert. Das wissen wir nicht erst, seit es soziale Medien gibt: Zum Beispiel erfüllt Wut den durchaus sinnvollen Zweck, dass sich Menschen gegen Ungerechtigkeiten wehren. In den USA zeigt sich, dass Schwarze eher dann bereit sind, zu protestieren oder auch für afroamerikanische Organisationen zu spenden, wenn sie zuvor eine Botschaft erhielten, die sie über ökonomische Ungleichstellung von Schwarzen in den USA wütend stimmte.[17] Ein Nebeneffekt dieser aktivierenden Eigenschaft der Wut scheint zu sein, dass gerade wütend machende Inhalte im Internet viele Klicks ernten und stark herumgereicht werden.[18, 19] Eine vielfach zitierte Auswertung hierzu lieferten die Wirtschaftsforschenden Jonah Berger und Katherine Milkman schon 2012. Sie werteten die Onlineartikel der Zeitung „New York Times" aus und analysierten, welche Artikel stark via E-Mail verbreitet wurden.[20] Zur Erklärung: Auf der Webseite der Zeitung kann man mittels eines Knopfdrucks Artikel per Mail an Bekannte senden. Die „New York Times" speichert diese Daten, Berger und Milkman eruierten: Emotionalität führte zu höherer Viralität, solche Texte wurden also stärker herumgereicht. Artikel, die freudiges Staunen auslösten, erzielten besonders gute Werte. Aber auch einzelne negative Emotionen waren ansteckend: Artikel, die Leute wütend machten, hatten eine um ein Drittel höhere Chance, viral zu werden – also von vielen Menschen per E-Mail weitergeleitet zu werden. Auch Texte, die Sorge auslösten, wurden stärker weiterverbreitet.

Hier lässt sich auch über die Rolle der Technik reflektieren: Soziale Medien werten ja aus, wie viel Likes, wie viele Kommentare etc. jedes Posting bekommt. Nun gibt es Grund zur Annahme, dass Menschen auf wütendmachende oder besorgniserregende Inhalte stärker reagieren, diese vielfach kommentieren und liken, also zur „Interaktion" beitragen. Facebook zum Beispiel wertet die Interaktion als ein Signal, dass ein Beitrag Relevanz hat und vielen Menschen eingeblendet werden sollte.

Da stellt sich die Frage, ob die großen Internetplattformen so programmiert sind, dass sie emotionalisierende Inhalte noch einmal zusätzlich begünstigen. Führt die aktuelle Ausgestaltung der Social-Media-Plattformen dazu, dass emotionale Inhalte eine größere Reichweite erzielen? Ganz ehrlich: Wir wissen es nicht. Weil Facebook oder Youtube keine unabhängige Forschung zu dieser Frage erlauben. Hier brauchen wir meiner Ansicht nach mehr rechtliche Vorgaben, damit die großen Plattformen ihre Technik für die Forschung zugänglich machen.[21]

Jedenfalls ist die Ansteckungskraft von Emotionalität für unseren Kontext ein wichtiger Aspekt, weil viele Falschmeldungen oder auch Verschwörungserzählungen mit Feindbildern und Sündenböcken arbeiten, sie lösen nicht nur Wut aus, sie haben auch gleich noch die angeblich Schuldigen parat. Im Gegensatz dazu sind Faktenchecks oft spröde, sie müssen viele komplexe Sachverhalte erklären und bieten in der Regel keine Feindbilder. Es besteht die Gefahr, dass Falschmeldungen von ihrer Emotionalität profitieren, während Richtiges vergleichsweise unspektakulär klingt – und oft weniger stark verbreitet wird.

Es kommt aber noch ein zweiter Aspekt hinzu: Falschmeldungen können nicht nur von ihrem emotionalisierenden Inhalt und der schrillen Tonalität profitieren, sondern manche dieser Erzählungen bedienen sogar akute emotionale Bedürfnisse. Im Spektrum der Fehl- und Desinformation gilt dies speziell für Verschwörungsmythen.

Verschwörungserzählungen gehen „davon aus, dass nichts durch Zufall geschieht, sondern alles geplant wurde. Zweitens behaupten sie, dass alles miteinander verbunden ist, und drittens nehmen sie an, dass nichts so ist, wie es scheint“, fasst der Amerikanist Michael Butter das Phänomen anschaulich zusammen. Sein lesenswertes Buch zum Thema heißt passenderweise auch „Nichts ist, wie es scheint“.[22, 23] Das mag bedenklich klingen, aber man sollte davon ausgehen, dass doch ein recht großer Teil der Bevölkerung mit der einen oder anderen Verschwörungserzählung liebäugelt: Für die USA zeigten die Politikwissenschaftler

Eric Oliver und Thomas Wood auf, dass rund die Hälfte der Bevölkerung mindestens eine Verschwörungserzählung glaubt.[24] Verschwörungserzählungen sind auch außerhalb der USA populär. Zum Beispiel kursierten in Deutschland schon in den vergangenen Jahren in der Debatte um Asylsuchende etliche Verschwörungsmythen: Da hieß es, die deutsche Regierung würde in der Nacht heimlich Flüchtlinge einfliegen. Und es wurde die rechtsextreme Erzählung verbreitet, ein „großer Austausch" der Bevölkerung stünde bevor. Hier wird deutlich, dass Verschwörungsmythen zum unverzichtbaren Werkzeug im rechtspopulistischen bis rechtsextremen Lager zählen.[25]

Die Coronakrise führte nun zu einer neuen Dynamik – viele erlebten in ihrer eigenen Familie oder im Bekanntenkreis, dass auch Menschen Vorstellungen aus dem Repertoire von Verschwörungserzählungen von sich gaben, von denen sie das bisher nicht gewohnt waren. In einer Umfrage des deutschen Meinungsforschungsinstituts Allensbach wurde im Mai 2020 die Zustimmung abgefragt, ob es bei den Maßnahmen gegen die Coronakrise um etwas ganz anderes gehe, als Politik und Medien sagen.[26] 27 Prozent der Deutschen hielten diesen Verdacht für begründet. In Österreich stellte daraufhin das Market Institut dieselbe Frage: Hier stimmten 32 Prozent der Befragten zu.[27]

Auch deshalb sollte man Verschwörungsgläubige nicht per se pathologisieren: Es trifft möglicherweise mehr Menschen, als man glaubt. Überdies gibt es Unterschiede, wie harmlos oder gar nicht mehr harmlos solche Vorstellungen sind. Wenn Menschen glauben, dass Lady Di in Wirklichkeit noch lebt, muss dies nicht unbedingt ein Problem sein. Allerdings gibt es einzelne Mythen, die deutlich extremer, sogar demokratiefeindlich sind. Mir hat zum Beispiel ein junger Vater erzählt, dass seine Mutter immer schon einen Hang zu Verschwörungserzählungen hatte, mit Reichsbürger*innen und mit rechtsesoterischen Bewegungen liebäugelte, ohne dass ihr die politische Stoßrichtung dieser Gruppierungen immer bewusst war. Als dann die Coronakrise aufkam, kippte sie auf QAnon hinein – das ist jene mit rechtsextremen Narrativen durchsetzte Szene, die Donald Trump zujubelt und davon ausgeht, dass es weltweit eine pädophile Elite gibt, die auch das Blut von Kindern absaugt, um einen Stoff namens Adrenochrom zu gewinnen, der sie jünger macht. QAnon fasste erst zu Zeiten der Pandemie im deutschsprachigen Raum Fuß, aber im Grunde spricht diese Szene klassisch antisemitische Erzählmuster an, etwa die Ritualmordlegende von Kindern. „Meine Mutter glaubt, dass in Tunneln in Österreich Kinder festgehalten werden und ihr Blut abgesaugt wird. Und dass die Leichen, die dadurch entstehen, als Corona-Tote getarnt werden", erzählte der Vater, „und über WhatsApp tauscht sie sich mit Gleichgesinnten aus." In ausgeprägten Fällen zeigen Verschwörungsgläubige Parallelen zu Sektenmitgliedern – in solchen Fällen empfiehlt es sich als Angehörige, professionelle Hilfe zum Beispiel bei Sektenstellen zu suchen.[28] Darauf gehe ich auch noch in Kapitel 4 ein.

Offensichtlich ist, dass in einer Krisenzeit wie der Covid-Pandemie die Attraktivität von Verschwörungserzählungen steigt. Hier kommen wir wieder zum Thema Emotion. So gibt es eine faszinierende Umfrage des MCI, einer Hochschule in Innsbruck: Sie fragte ab, ob Menschen nach Ausbruch der

Pandemie Angstgefühle verspürten – beispielsweise Angst vor der unaufhaltsamen Verbreitung des Virus oder vor einer finanziellen Notlage. Ebenfalls wurden Verschwörungserzählungen getestet: Es wurde gefragt, ob man glaube, das Virus sei gezielt in einem chinesischen Labor gezüchtet worden; oder zum Beispiel verbreitet worden, um die ältere Bevölkerung zu verringern. Zwei Aspekte stachen hervor: Personen, die mehr Angst verspürten, neigten im Schnitt auch eher dazu, Verschwörungserzählungen zu glauben. Und dieser Glauben verhärtete sich dann auch noch im weiteren Verlauf der Krise: „Die Ergebnisse zeigen, dass Befragte, die höhere Angstwerte verzeichneten, kursierenden Verschwörungstheorien nicht nur in der ersten Erhebung stärker Glauben schenkten (...), sondern diesen Glauben von April bis Juni [2020, Anm.] auch weiter verstärkten (...).“[29]

Das ist mit ein Grund, warum ich dieses Buch inmitten der Pandemie geschrieben habe: Weil wir uns in einer besonders sensiblen Phase befinden. Die Gefahr besteht, dass solche Erzählungen das Vertrauen eines Teils der Bevölkerung in Politik, in Wissenschaft, in Medien deutlich schwächt – und das noch dazu in einer besonders kritischen Zeit, in der es wichtig ist, dass Menschen den medizinischen Empfehlungen folgen und sich auch an die rechtlichen Auflagen zur Eindämmung der Pandemie halten. Offensichtlich haben solche verschwörungsaffinen Denkmuster eine Anziehungskraft, und das hat vielschichtige Gründe. Im Folgenden beziehe ich mich auf einen Forschungsüberblick, der von Forschenden der Universitäten Kent, Oxford und Miami erstellt wurde. Diese sehen drei wesentliche Motive für die Anziehungskraft von Verschwörungserzählungen:[30]

1. Erkenntnistheoretische Beweggründe: Verschwörungserzählungen liefern eine schlüssig scheinende, umfassende Erklärung der Welt – und gerade in Zeiten von Ungewissheit scheint die Attraktivität solcher großen Erklärungen stärker zu sein. Eine interessante Beobachtung ist, dass im Gegenzug analytisches Denken – bei dem man nicht nach Bauchgefühl, sondern nach gründlicher, langsamer Überlegung Aussagen bewertet – potenziell ein Schutzschild gegen solche Ideen darstellen kann. Auf diesen Punkt gehe ich noch ein.

2. Existenzielle Beweggründe: Gefühle der Machtlosigkeit scheinen beispielsweise das Festhalten an Verschwörungserzählungen zu begünstigen. „Menschen, denen es an Handlungsmacht und Kontrolle fehlt, können ein Gefühl von Kontrolle zurückgewinnen, indem sie an Verschwörungstheorien glauben, weil diese die Chance bieten, offizielle Erzählungen abzulehnen, und Menschen das Gefühl ermöglichen, dass sie eine bessere Erklärung haben“, schreiben die Forschenden.[31] Schon vor der Covid-19-Pandemie war zu beobachten, dass Leute, die solchen Erzählungen glauben, oft auch der Meinung sind, der Wirtschaft gehe es zunehmend schlechter. Dies deutet auf einen Zusammenhang hin zwischen Gefühlen wie Besorgnis und der Attraktivität von Verschwörungsmythen.

3. Soziale Beweggründe: Verschwörungserzählungen können auch eine Form der Selbstaufwertung sein. Dies legen unterschiedliche Arbeiten nahe. Der

Psychologe Roland Imhoff und die Psychologin Pia Lamberty zeigten zum Beispiel einen leichten Zusammenhang zwischen dem Bedürfnis nach Einzigartigkeit und einer Verschwörungsmentalität auf.[32] Und noch mehr als das: Untersuchungen deuten auch darauf hin, dass Verschwörungserzählungen dem Aufwerten der eigenen Gruppe dienen – dies lässt sich auch als „kollektiver Narzissmus" bezeichnen. Hierbei wird die Eigengruppe sehr positiv gesehen, während gleichzeitig eine Fremdgruppe abgewertet wird. Dieser Aspekt passt übrigens dazu, dass einige Verschwörungsmythen rassistischer Natur sind oder sich antisemitischer Stereotypen bedienen.

Dieser Überblick verdeutlicht: Es gibt nicht die eine, allumfassende Erklärung, wieso Verschwörungserzählungen so attraktiv sind – ich finde vielmehr bemerkenswert, wie vielschichtig dieses Phänomen ist. Die genannten Motive machen aber nachvollziehbar, warum ausgerechnet eine weltweite Pandemie solche Tendenzen fördert. Auch scheint mir, dass Außenstehende unterschätzen, wie viel Halt und Bestätigung Verschwörungserzählungen den Betroffenen bieten. Wenn behauptet wird, dass Bill Gates angeblich das Coronavirus erfunden habe, um die Menschheit zwangszuchippen oder gar zu sterilisieren; oder dass Flugzeuge heimlich Gift versprühten, klingt das für mich nach einer ziemlich tristen Weltsicht. Aber so düster solche Vorstellungen klingen, so sehr bieten sie doch ein Erklärmodell einer ansonsten oft schwer zu durchschauenden Welt. In der Coronakrise haben sich die Nachrichten an vielen

Tagen überschlagen, enorm viele Studien wurden in nur kurzer Zeit vorgelegt, da ist es schwierig, den Überblick zu bewahren, den Stand der Wissenschaft immer penibel zu verfolgen. Auch gibt es auf viele Fragen keine gesicherten Antworten. Im Gegenzug dazu kann eine simple Erklärung durchaus verlockend sein. Und ebenso verleihen solche Vorstellungen den daran Glaubenden Bedeutung – schließlich gehört man ja zu den wenigen, die das Spiel durchschaut haben und nun für einen guten Zweck kämpfen. Ich habe Anja Sanchez Mengeler zu ihrer Zeit als Verschwörungsgläubige auch gefragt, ob sie damals mehr Angst oder mehr Stolz fühlte, etwas Wichtiges zu tun. Sie sagte: „Ich habe ehrlich gedacht, ich mache etwas Wichtiges. Und zum anderen ist es auch so, dass in der Szene sehr viel Solidarität herrscht. Man gehört ja zu einem Kreis und man unterstützt sich und hilft sich gegenseitig." Auch das ist ein wichtiges Element: In dieser Szene herrscht durchaus ein Zusammenhalt, auch weil man ja gefühlt einen übermächtigen Außenfeind hat – das vereint.

Es ist einfach, über Verschwörungsmythen zu lachen, aber lustig ist es schon allein deshalb nicht, weil sie zum Teil auf dem Nährboden realer, ökonomisch argumentierbarer Ängste wachsen. Der heftige Widerstand in der Corona-Debatte, der für manche bis zum Rückzug ins Reich der Verschwörungserzählungen reicht, hat schon einen realen Hintergrund: Viele Menschen leiden tatsächlich unter den Maßnahmen, zum Beispiel weil ihr Einkommen dadurch gefährdet ist oder weil ihnen die verordneten Kontaktbeschränkungen zu schaffen machen. Beispielsweise las ich oft in der geschlossenen Facebook-Gruppe „Sucharit Bhakdi Fanclub" mit, in der sich im Oktober 2020 rund 30.000 Fans von Sucharit Bhakdi austauschten. Bhakdi ist der womöglich einflussreichste Corona-Skeptiker im deutschsprachigen Raum – er ist Professor im Ruhestand für Infektionsepidemiologie, also tatsächlich ein Fachmann. Gleichzeitig hat er in der Coronakrise viel Kritik auf sich gezogen. Er hat mit seiner Ehefrau, der Biochemikerin Karina Reiß, ein Buch geschrieben, das in vielen Punkten nicht den kompletten Forschungsüberblick wiedergibt. Der Schweizer „Tagesanzeiger" ortet einen „polemischen, anklagenden Grundton".[33] Die Medizinische Fakultät der Universität Kiel spricht von „tendenziösen Aussagen" im Buch.[34] Bhakdi ist also im Wissenschaftsbetrieb umstritten, aber auf Facebook jubeln ihm Zigtausende zu. Bevor diese Fan-Gruppe von Facebook wegen des Postens von Hassrede gesperrt wurde, waren dort viele Verschwörungsnarrative zu finden. Eine Frau fragte beispielsweise in die Runde: „Ab wann habt ihr gemerkt, dass mit C was ganz Großes läuft?" „C" steht hier für das Coronavirus: Daraufhin erhielt sie mehr als 300 Antworten – auch traurig klingende Erfahrungsberichte. Eine ältere Frau postete etwa, dass sie allein wohnt, weit weg von der Familie. Zu Ostern 2020 kam die Nachricht, dass man keine sozialen Kontakte haben soll. Sie sei dann „völlig verzweifelt", schrieb sie: „Es hat wirklich lange gedauert bis ich aus der Lähmung erwacht bin. Eigentlich erst durch facebook. Nachdem ich den Spuk durchschaue gehe ich ohne Maske einkaufen. Alles geht gut."

Ich würde schon davon ausgehen, dass ein Teil des harten Widerstands gegen die Corona-Maßnahmen – bis hin zu dem Glauben an eine Verschwörung – auch eine Reaktion auf persönliche Krisen, auf Ängste und Verunsicherungen darstellt, die manche im Rahmen der Pandemie erlebt haben. Solange eine Krisensituation besteht, die gesellschaftlich Unsicherheit und persönliche Belastung bringt, muss man damit rechnen, dass solche brisanten Vorstellungen über eine große Verschwörung kursieren. Hierfür gibt es meines Erachtens keine simple Lösung, lediglich die Erkenntnis: Auch wenn Menschen manchmal Äußerungen tätigen, denen man selbst nichts abgewinnen kann, können Ausgangspunkt solcher Sichtweisen Ängste sein, die reale Grundlagen haben. Man kann diese Ängste also ernst nehmen, ohne die daraus abgeleiteten Schlüsse zu teilen.

Verschwörungserzählungen bieten manchmal vielleicht mehr Trost oder Halt als die spröde Wissenschaft. Hinzu kommt dann noch: In ihren abgeschlossenen Gruppen treiben sich die Gleichgesinnten auch weiter an – zum Beispiel spielt für diese Szene der Messenger-Dienst Telegram mittlerweile eine große Rolle, wo man sich in einschlägigen Gruppen gegenseitig bestärkt und sich selbstvergewissert, wie sehr man etwas durchblickt hätte, was der Rest der Bevölkerung noch nicht geschnallt hat.[35]

Es gibt offensichtliche Unterschiede zwischen wissenschaftlichem Denken und Verschwörungsmentalität – das ist auch der Grund, wieso der Begriff „Verschwörungstheorie“ von manchen gemieden wird. Ein sehr gutes Buch zum Thema haben Katharina Nocun und Pia Lamberty mit „Fake Facts“ verfasst, sie erklären darin auch: „Der gängige Begriff der Verschwörungstheorie ist in letzter Zeit immer mehr kritisiert worden, da man hierbei nicht von Theorien im wissenschaftlichen Sinn sprechen kann. Eine Theorie ist eine wissenschaftlich nachprüfbare Annahme über die Welt. Wenn sich diese als falsch herausstellt, wird sie auch wieder verworfen. Die Verschwörungserzählung zeichnet sich aber eben genau dadurch aus, dass sie sich der Nachprüfbarkeit entzieht: Egal wie viele Gegenbeweise es gibt, der Verschwörungsideologe beharrt auf seiner Meinung.“[36]

Es ist sogar so, dass derartige Erzählmuster oft prophylaktisch der Möglichkeit einer Überprüfung vorbeugen. Häufig wird nämlich behauptet, dass die Wissenschaft und Medien Teil der dunklen Machenschaften seien – ein wunderbarer Trick, denn wenn aus der Wissenschaft oder Medien inhaltliche Kritik folgt, heißt es prompt: Ihr müsst es ja sagen, ihr steckt mit denen unter einer Decke! Diese Diskussionstaktik bezeichnet der US-amerikanische Kommunikationswissenschaftler David Zarefsky übrigens als „self-sealing rhetoric“, also ein sich selbst abdichtendes Argument. Es ist ein Kommunikationsstil, der nicht nur, aber gerne auch in der Verschwörungsszene benutzt wird: „Ein sich selbst abdichtendes Argument ist eines, das nicht abgeschüttelt werden kann, nicht weil es augenscheinlich wahr ist, sondern weil sein Verfechter oder seine Verfechterin jede Aussage, die das Argument infrage stellen könnte, so uminterpretieren kann, als würde die Aussage das Argument tatsächlich bestätigen.“[37]

Vielleicht haben Sie folgende Situation schon einmal beobachtet: Wenn man darauf hinweist, dass es für manch eine Verschwörungserzählung null Belege gibt, dann wird das Fehlen von Argumenten umgedeutet und sinngemäß behauptet: Gerade dass es keine Beweise gibt, zeigt, wie ausgeklügelt die Verschwörung ist. Das stellt ein Beispiel für sich selbst abdichtendes Argumentieren dar. Und es gibt Menschen, die so tief in derartigem Denken stecken, dass man sie – auch mit dem Aufzeigen solch rhetorischer Taktiken oder logischer Fehlschlüsse – kaum von diesen Vorstellungen abbringen kann. Aber bei denjenigen, die noch nicht komplett diese Sichtweise eingenommen haben, die vielleicht doch noch Zweifel hegen oder lediglich vage Verunsicherung spüren, kann es sinnvoll sein, solche argumentativen Tricks und Logikkurzschlüsse aufzuzeigen. Im kommenden Kapitel werde ich näher darauf eingehen, wie man unfaire rhetorischen Methoden erkennen kann.

Denn: Das Problem sind nicht nur die anderen. Niemand ist davor gefeit, ab und zu kognitive Abkürzungen zu nehmen. Dass wir Information ernster nehmen, wenn sie uns ins Weltbild passt; dass wir auf emotionale Inhalte stärker reagieren als auf neutral formulierte Information; dass wir unbewusst eine simple Erklärung verlockender finden als Ungewissheit, mag nicht bei allen gleich stark ausgeprägt sein, aber garantieren, dass einem das selbst nie passiert, kann niemand. Es gibt sogar einen Fachbegriff dafür, dass Menschen im Schnitt davon ausgehen, dass andere eher manipulierbar sind als sie selbst: der „Third-Person-Effect". So haben rumänische Kommunikationswissenschaftlerinnen beobachtet, dass gerade Menschen mit höherer Bildung davon ausgehen, dass andere sich eher schwertun, Fehlinformation zu erkennen – sie selbst aber tendenziell nicht. Wenn Personen aber überzeugt sind, dass sie sicher zwischen Richtigem und Falschem unterscheiden können, führt das zur Gefahr, dass sie in zweifelhaften Fällen ihrem Bauchgefühl vertrauen und nicht eigens den Faktencheck aufrufen.[38]

Dazu passt eine aufschlussreiche Untersuchung aus Österreich: Der Politologe Peter Filzmaier hat mit seinem Institut für Strategieanalysen eine Umfrage mit 1200 Personen durchgeführt. Acht von zehn Befragten stuften es „für andere" als „sehr schwierig" oder „eher schwierig" ein, zwischen wahren Nachrichten und Fake News im Internet zu unterscheiden.

Jedoch sagten nur vier von zehn der Befragten, dass es für sie selbst „sehr schwierig“ oder „eher schwierig“ sei, echte Nachrichten und Fake News auseinanderzuhalten.[39] Das bedeutet: Entweder Menschen unterschätzen tendenziell andere, oder sie überschätzen oftmals sich selbst, oder beides ist der Fall.

Mir geben solche Ergebnisse zu denken: Ob ich selbst streng genug auf meine Art des Informationskonsums und der Informationsverarbeitung achte – und auch überprüfe, wo ich selbst womöglich empfänglich für Halbwahrheiten oder Informationen bin, die gut in mein eigenes Konzept passen. Niemand ist vor solchen Tendenzen immun – aber umso wichtiger ist jener Schutzmechanismus, den ich im Folgenden beschreiben werde. Es geht darum, wie wertvoll es ist, sich selbst manchmal zum langsamen, mühsamen, analytischen Denken zu zwingen.

**TIPP**

Erinnern Sie Menschen daran, wie wichtig ihnen analytisches Denken ist

Sie kennen vielleicht diese Testfrage: Wie viele Tiere jeder Art nahm Moses mit in die Arche? Überlegen Sie bitte, was die richtige Antwort ist.

In vielen Fällen geben Menschen als Antwort „zwei“ an. Aber es handelt sich hier um eine berühmte Fangfrage aus der Psychologie. Denn natürlich war es nicht Moses, der laut der Bibel eine Arche baute, sondern Noah. Die Frage dient zur Illustration, dass Menschen häufig dazu neigen, schnelle, aber vielleicht falsche Antworten zu liefern. Wir übersehen oft den Moment, bei dem wir genauer hinschauen sollten; bei dem wir nicht der naheliegenden ersten Antwort vertrauen, sondern noch einmal gründlicher nachdenken sollten.

In der Psychologie gibt es die Theorie, dass man beim menschlichen Denken sogar zwischen zwei verschiedenen Systemen unterscheiden kann: System 1 arbeitet schnell und ziemlich mühelos, ist instinktiv und quasi der Autopilot, mit dem wir meistens recht gut durch den Tag steuern. System 2 arbeitet langsamer, es ist ein anstrengenderer Prozess, bei dem man seine Aufmerksamkeit willentlich auf etwas richtet und häufig das Gefühl des konzentrierten Nachdenkens verspürt. Wenn Sie diese Unterscheidung interessiert, möchte ich Ihnen das berühmte Buch „Schnelles Denken, langsames Denken“ des Wirtschaftsnobelpreisträgers Daniel Kahneman empfehlen, das in vielerlei Hinsicht aufzeigt, wo System 1 zu Fehlschlüssen neigt.[40] Wenn wir eine Aussage streng auf ihre Richtigkeit hin überprüfen, wenn wir zum Beispiel jeden Bestandteil des Satzes „Wie viele Tiere jeder Art nahm Moses mit in die Arche“ kontrollieren, ist für dieses langsame, gründliche Nachdenken System 2 zuständig – das uns dann hoffentlich über das Wort „Moses“ stolpern lässt.

Nun gibt es bemerkenswerte Untersuchungen von Forschenden in Großbritannien, Deutschland und Österreich. Sie haben diese Idee von System 1 und System 2 aufgegriffen, wobei sie vom „erfahrungsbezogenen oder intuitiven System“ sowie vom „analytischen oder rationalen System“ sprechen. Und in mehreren Studien zeigten sie auf: Wer stärker an Verschwörungserzählungen glaubte, wies eine größere Tendenz zu intuitivem Denken auf – und im Schnitt weniger analytische Informationsverarbeitung. Wirklich bemerkenswert ist aber, dass sie auch nach einer Lösung suchten. Sie versuchten im Rahmen dieser Forschungsarbeit, Menschen zu stärkerem analytischem Denken zu motivieren. Beispielsweise wendeten sie dafür einen Kniff aus der Psychologie an: Mehrfach wurde beobachtet, dass Information, die in schlecht lesbarer Schrift zu lesen ist, eher zum analytischem Nachdenken führt.

Eine Erklärung hierfür ist, dass eine schwer lesbare Information kognitiv nicht so leicht verarbeitbar ist (es fehlt die sogenannte „cognitive fluency"), und man muss seine Aufmerksamkeit stärker auf den Text richten. Verschwörungserzählungen wurden in schlecht lesbarer Schrift vorgelegt, um dieses analytische Denken in Gang zu setzen. Und tatsächlich passierte in den Studien Folgendes: Wenn Menschen stärker zu analytischem Denken angestoßen wurden, dann neigten sie weniger dazu, Verschwörungserzählungen zu glauben.[41] Das ist bemerkenswert, weil es nahelegt, dass System 2 eine Art Schutzwall gegen Verschwörungserzählungen sein kann.

Jetzt stellt sich die Frage, was man in der Praxis aus solchen Beobachtungen ableiten kann: Wir werden wohl kaum ständig mit schlecht lesbaren Schriften hantieren, nur damit Menschen genauer hinschauen (wobei ich glaube, dass zum Beispiel Schulbücher diesen Trick nutzen könnten). Meines Erachtens legen diese Ergebnisse den Schluss nahe, dass man möglichst stark Situationen fördern sollte, in denen gezielt dieses komplizierte, langsame Nachdenken von System 2 praktiziert wird. Interessant ist dabei folgende Überlegung: Verschwörungsgläubige sehen sich häufig als besonders kritische Geister, die sich nicht so leicht in die Irre führen lassen. An dieses Selbstverständnis lässt sich appellieren: Man kann beispielsweise betonen, wie wichtig es dem Gegenüber doch ist, kritisch hinzuschauen – und dann vorsichtig den Blick auf Logikfehler und inhaltliche Widersprüche in Verschwörungserzählungen richten. Ein De-Radikalisierungsprojekt in Australien hat einen solchen Zugang getestet: Auch in Australien nutzen rechtsextreme Gruppierungen Verschwörungserzählungen zur Rekrutierung. Bei dem Onlineprojekt wurden neben anderen Inhalten ebenfalls Aufklärungsmaterialien angeboten, die gezielt den Wert des kritischen Denkens betonten und das Bedürfnis, dass Menschen nicht manipuliert werden wollen. Diese Unterlagen verzeichneten gute Zugriffszahlen und längere Verweildauer.[42]

Ein Tipp ist also auch: Appellieren Sie an diese Selbstwahrnehmung, ein kritischer Geist zu sein, aber lenken Sie dann die Aufmerksamkeit auf Logikfehler und unfaire Taktiken innerhalb von Verschwörungsmythen.

Dazu möchte ich zum Schluss dieses Kapitels noch einmal Anja Sanchez Mengeler zitieren. Sie erzählte mir etwas, das mich an diese Unterscheidung zwischen schnellem, intuitivem Denken und langsamem, mühsamem Nachdenken erinnerte. Sie war zwei, drei Jahre sehr aktiv in der Szene von Verschwörungsgläubigen – und rückblickend auf diese Zeit fällt ihr auf, dass ihr dieses differenzierte Denken abhandengekommen war. Ich fragte sie, ob sie glaube, dass es bei Menschen Phasen gebe, in denen man mal einen engeren Blick hat, aber dann wieder den Blick erweitert. Und sie antwortete: „Ja. Ich konnte es bei mir selbst beobachten. Ich vergleiche, wie habe ich damals gedacht und wie denke ich heute? Diese Grauabstufungen sind unheimlich wichtig, aber die sind ja auch sehr anstrengend. Manchmal hat man vielleicht gar nicht die Kraft, in so vielen Abstufungen zu denken, dass man aus Energiespargründen einfach abkürzt in Schwarzweiß. Vielleicht ist das so."

Mir erscheint es ein bemerkenswerter Gedanke, dass es Mühe macht, viele Sachfragen in ihrer Komplexität zu behandeln – und dass eine Schwarzweiß-Sicht auch die Folge davon sein kann, dass einem in diesem Moment die Kraft für das Betrachten der Graustufen fehlt. Aber Erfahrungen wie jene von Anja Sanchez Mengeler geben die Hoffnung, dass diese Kraft zur Differenzierung zurückkommen kann.

Heilmittel

# 2

# Vorsicht vor Wundermitteln und rhetorischen Ablenkungsmanövern!

Eine Bekannte erzählte mir neulich, auch ihr Vater ist in Verschwörungserzählungen hineingekippt. Ihrer Wahrnehmung nach begann alles mit seinem Ruhestand – ihr Vater hatte sich von seinen Kindern ein iPad gewünscht. Zuvor hatte er zwar schon das Internet genutzt, aber hauptsächlich für berufliche Zwecke. Nun, wo er viel Zeit hatte, wollte er damit gemütlich zu Hause am Sofa das Web durchforsten. Meine Bekannte wurde allerdings zunehmend besorgt: Ihr Vater sendete ihr immer wieder Links zu Seiten, die wilde Spekulation und Verschwörungserzählungen verbreiten, die behaupten, die Klimakrise wäre eine Erfindung, oder die permanent vor dem großen Finanzcrash warnen. Eine solche Seite heißt „Propagandafront“, erzählte mir meine Bekannte: „Ich habe den Eindruck, dass sich mein Vater schwertut, digitale Medien einzuschätzen: Ihm ist nicht bewusst, dass manch ein zwölfjähriges Kind eine Webseite aufsetzen kann, die professionell aussieht. Obwohl wir das schon oft diskutiert haben, nimmt er viele Behauptungen für bare Münze – selbst bei Seiten, die Namen wie ‚Propagandafront' tragen."

An diesem Beispiel wird deutlich, dass Verschwörungserzählungen Menschen aus den unterschiedlichsten Bevölkerungsschichten beeinflussen können: Der Vater meiner Bekannten ist Akademiker, er hatte einen Beruf mit hohem sozialem Ansehen ausgeübt, nun verbreitete er viele rechte Vorstellungen, obwohl er sein Leben lang bekennender Sozialdemokrat war. Diese Wandlung führte zu Spannungen in der Familie, auch zu Streit bei Familientreffen. Und dann begann die Coronakrise. Nach dem ersten Lockdown in Österreich bemerkte meine Bekannte, dass ihr Vater begonnen hatte, jeden Tag ein Mittel einzunehmen. Es wird im Internet als Heilmittel für nahezu jede erdenkliche Krankheit oder Entwicklungsstörung beworben – es heißt, es könne Krebs, Autismus, Malaria, Multiple Sklerose, Aids und dann auch Covid-19 heilen. Im Netz wird dieses Produkt unter der Bezeichnung „MMS" (kurz für: Miracle Mineral Supplement) oder als „CDL" (kurz für: Chlordioxid-Lösung) verkauft.[43] Gesundheitsbehörden warnen explizit vor der Einnahme dieser Erzeugnisse. Chlordioxid ist genau genommen ein Bleich- und Desinfektionsmittel. Zum Beispiel wird damit in der Industrie Papier gebleicht oder es werden die Oberflächen von Gebäuden gereinigt. In extrem verdünnten Mengen und mit großer Sorgfaltspflicht wird Chlordioxid auch zur Wasserreinigung eingesetzt.[44] Bauernhöfe nutzen diese Substanz beispielsweise, um die Tränkewassersysteme der Stalltiere zu entkeimen. Einst wurde Chlordioxid sogar zum Bleichen von Mehl verwendet, aber da sich bei Tierversuchen schwere Nierenschäden zeigten, ist dies mittlerweile verboten.[45] Trinken sollte man diese Substanz definitiv nicht, denn laut Expert*innen kann sie selbst in verdünntem Zustand den Körper von innen verätzen.[46]

Trotzdem glauben auch im deutschsprachigen Raum Menschen den Heilsversprechungen rund um dieses Produkt. Meine Bekannte bemerkte, dass ihr Vater jeden Tag eine kleine Menge Chlordioxid in Wasser auflöste und zu sich nahm: „Das war der Moment, in dem die Verschwörungserzählungen auch sein Handeln beeinflussten." Diese Situation alarmierte die Tochter – wobei sie selbst anmerkt, dass das Ganze durchaus eine paradoxe Seite hat: „Der Widerspruch dabei ist: Mein Vater sagt einerseits, das Coronavirus ist wie eine normale Grippe, trinkt aber sicherheitshalber dieses Produkt."

Ich bringe dieses Beispiel, um eines zu verdeutlichen: Falschmeldungen – gerade in Bezug auf Gesundheitsthemen – können ernste Konsequenzen haben. Die deutsche Verbraucherzentrale warnt vor Chlordioxid, weil seine Einnahme zu Erbrechen, Durchfall, Nierenversagen und schweren Darmschädigungen führen kann.[47] Das österreichische Bundesamt für Sicherheit im Gesundheitswesen weist außerdem darauf hin, dass es zum Beispiel zu Verätzungen der Speiseröhre kommen kann.[48] Christoph Baumgärtel, Arzneimittelexperte dieser Behörde, erzählte mir, dass dem Bundesamt immer wieder Betroffene schreiben, die über derartige Symptome – Erbrechen bis hin zu Nierenschäden – klagen. Auch im Internet posten Menschen, dass sie MMS oder CDL tranken und sich daraufhin übergeben mussten oder Durchfall bekamen. Jedoch werden solche Symptome von Webseiten, die diese Produkte empfehlen, verharmlost und umgedeutet. Dort ist dann beispielsweise die Erklärung zu finden, dass der Durchfall ein Zeichen sei, dass der Körper „abgetötete Parasiten oder zerstörte Krebsteile" ausscheide. Das ist eine üble Verdrehung der Realität: Das Desinfektionsmittel Chlordioxid kann der Magen-Darm-Schleimhaut schaden – und was Menschen dann in ihrem Stuhl ausscheiden, ist ein Teil ihrer Schleimhaut.[49]

Mich irritiert dieses Thema wirklich. Weil hier die Angst von Menschen oder gar ihre Verzweiflung ausgenutzt werden. Offensichtlich fürchten sich manche so sehr vor dem Coronavirus, dass sie selbst äußerst fragwürdige Substanzen einnehmen. Viele Typen von Falschmeldungen sind problematisch: Wenn beispielsweise ohne Beleg behauptet wird, eine Wahl sei gefälscht, und somit Misstrauen in die Demokratie gesät wird. Oder wenn Wut und Vorurteile über Minderheiten geschürt werden, indem man böse Gerüchte streut. Aber bei Gesundheits-Fakes sind die negativen Auswirkungen oft besonders deutlich. Donald Trump regte als US-Präsident bei einer Pressekonferenz zum Beispiel an, man könnte als Strategie gegen das Coronavirus versuchen, Menschen Desinfektionsmittel zu injizieren – eine Aussage, die für Aufschrei sorgte und von der Trump im Nachhinein behauptete, er habe das sarkastisch gemeint.[50] Egal, wie Trump das gemeint hat, witzig ist es nicht: Eine Befragung des US-amerikanischen Centers for Disease Control and Prevention (CDC) ergab kurz nach Trumps Meldung, dass vier Prozent der Befragten schon verdünnte Bleichmittel, Seifenwasser oder andere Reinigungs- und Desinfektionsmittel getrunken oder gegurgelt haben, um sich vor dem Coronavirus zu schützen.[51] In Arizona starb sogar ein Mann, nachdem er die Reinigungsflüssigkeit seines Aquariums geschluckt hatte – er wollte damit dem Coronavirus vorbeugen.[52]

Manch ein unseriöser Gesundheitstipp ist letztlich natürlich eine Profitmasche. Chlordioxid beispielsweise ist ein billiges Industrieprodukt. Hier befinden wir uns auf einem juristisch komplexen Gebiet, weil der Vertrieb von Desinfektionsmittel ja nicht verboten ist. Strafbar wird es aber dann, wenn man diese Substanz verkauft und dabei gleichzeitig ein Heilsversprechen abgibt. „Wenn Sie behaupten, ein Produkt könnte eine Krankheit heilen, dann braucht dieses Produkt eine medizinische Zulassung – und diese hat Chlordioxid selbstverständlich nicht“, erklärt Christoph Baumgärtel. In Deutschland wurde im Jahr 2019 auch schon ein Unternehmer rechtskräftig zu einer Haftstrafe von drei Jahren und zwei Monaten verurteilt, der unter anderem MMS verkauft und auch Anleitungen zur Einnahme inkludiert sowie zu Webseiten verlinkt hatte, die MMS als Heilmittel anführten. Er hatte mit dem Verkauf schädlicher Produkte in zwei Jahren beispielsweise einen Umsatz von insgesamt fast 250.000 Euro erzielt, wobei er dabei auch noch Steuerhinterziehung beging.[53] Mildernd wirkte sich auf das Urteil aus, dass der Mann selbst MMS ausprobiert hatte – er hat wohl nicht vorsätzlich anderen geschadet. Er ignorierte zwar die Warnungen seiner Lieferanten, aber er schien insgesamt auch ahnungslos. Die Staatsanwaltschaft hatte in diesem Fall übrigens eine härtere Strafe gefordert, aber der Bundesgerichtshof stimmte dem nicht zu.

Der Fall zeigt für mich: Selbst eine Person, die überhaupt keine Ahnung von Medizin hat, kann solche

Industrie-Bleichmittel einkaufen – und dann umfüllen und gewinnbringend verkaufen. Wenn jemand fragwürdige Produkte vertreibt oder generell mit Falschmeldungen hantiert, lässt sich oft nicht mit hundertprozentiger Gewissheit feststellen, was diese Person genau antreibt. Glaubt sie das wirklich? Oder hat sie hier eine Möglichkeit entdeckt, Einnahmen oder Aufmerksamkeit zu generieren? Jedenfalls würde ich von folgenden drei Beweggründen ausgehen, warum Menschen Falsches oder Irreführendes verbreiten:

1. Sie glauben das wirklich.

2. Ihnen gefällt die Aufmerksamkeit, die sie mit solchen Behauptungen erzeugen.

3. Sie sehen einen Markt, den man professionell bespielen kann. Immerhin gibt es einige Menschen, die für faktenwidrige oder wissenschaftsferne Behauptungen zugänglich sind und somit potenzielle Kundschaft darstellen. Und in Zeiten des Internets ist es noch einfacher geworden, diese Zielgruppe auch tatsächlich zu erreichen.

Dass es sich bei Verschwörungserzählungen tatsächlich um eine Geschäftsnische handelt, illustriert der deutsche Kopp Verlag: Mitte der 1990er-Jahre wurde dieser von einem früheren Polizisten gegründet, der sich für die angeblichen Sichtungen von UFOs zu interessieren begann.[54] Der Verlag wuchs in den Jahren darauf zu einer bedeutenden publizistischen Drehscheibe für verschwörungsaffine und rechte

Meinungsbeiträge heran.[55] Er bringt Publikationen heraus, die eine vermeintliche „Lügenpresse“ anprangern, die vor dem „finalen Crash“ warnen oder die beim Coronavirus vor einer „Plandemie“ sprechen, also einem angeblich bewusst herbeigeführten Ereignis. Aber der Kopp Verlag verkauft in seinem Onlineshop nicht nur Bücher, die eine Endzeitstimmung vermitteln, sondern auch passende Produkte dazu: zum Beispiel Notfalls-Essensrationen für Katastrophenfälle oder einen Geigerzähler, mit dem man radioaktive Strahlung messen kann. Und vielleicht erahnen Sie, was der Kopp Verlag ebenfalls im Sortiment führt: Chlordioxid-Lösung. Wohlgemerkt wird es nicht als Wundermittel empfohlen, sondern als „Wasseraufbereiter“. Wobei die Kundschaft dann Rezensionen hinterlässt wie: „Hilft sehr gut bei Erkältung.“ Wir sehen hier, was beim Vertrieb von CDL passiert: Webshops führen es als Desinfektionsmittel – aber einige Userinnen und User bestellen es in Wirklichkeit, um diese Substanz zu trinken. Und sofern der Kopp Verlag seine eigenen Produktbewertungen liest, müsste ihm diese Problematik bewusst sein.

Ich erzähle dies so genau, um auf eines hinzuweisen: Irreführende Behauptungen haben vielfach eine ökonomische Komponente. Es mag für Außenstehende auf den ersten Blick überraschend anmuten, dass es Leute gibt, die auf so etwas tatsächlich hereinfallen und solche Heilsversprechen ernst nehmen. Allerdings sollte man berücksichtigen, dass Heilsversprechen eine große emotionale Anziehungskraft insbesondere auf Menschen haben, die sich vor Krankheiten fürchten oder die tatsächlich erkrankt sind und verzweifelt Hilfe suchen. Außerdem lässt sich beobachten:

Die MMS-Szene verkauft ihre irreführenden Argumente durchaus geschickt. In MMS-Publikationen wird gerne der Trick angewendet, Scheinargumente in pseudowissenschaftliches Geschwätz zu verpacken. So listen Bücher dieser Szene zum Beispiel Zahlen oder Messgrößen auf, die zwar durchaus aus dem Fachgebiet der Chemie stammen, die aber keinerlei Aussagekraft für die Frage haben, ob das Trinken von Chlordioxid schädlich ist. Und Autorinnen und Autoren aus dieser Szene verwenden naturwissenschaftliche Begriffe, die zwar real existieren, die sie aber in einem komplett falschen Kontext einsetzen. Dieses Hantieren mit komplizierten Begriffen imponiert vielen Menschen – es handelt sich um eine Ablenkungstaktik, die darüber hinwegtäuscht, dass jemand gerade Irreführendes erzählt. Anschaulich hat das die Youtuberin und Wissenschaftskommunikatorin Mai Thi Nguyen-Kim einmal in einem Video vorgeführt. Nguyen-Kim ist selbst Chemikerin – und sie bringt folgenden Vergleich: „Wenn ich jetzt sage: ‚Bananen sind gelb, deshalb machen Bananen impotent‘, dann kann jeder sehen, dass die Argumentation Quatsch ist. Wenn ich aber sage: ‚Bei Bananen bestimmt das Verhältnis von Karotinoid zu Chlorophyll die Intensität der Lumineszenz im ultravioletten elektromagnetischen Spektrum und deshalb machen Bananen ganz eindeutig impotent.‘ Dann hat man als Nichtchemiker keine Chance, durchzublicken.“ [56]

So gelingt es manchen Gurus dieser Szene, mit rhetorischen Tricks eine irreführende Aura der Wissenschaftlichkeit zu erzeugen – neben der Tatsache, dass manche auch akademische Titel angeben, für die ein Beleg fehlt.[57] Im Englischen gibt es sogar einen Begriff für diese Art des

Eindruckmachens mit kompliziert klingenden Worten: „Technobabble".[58] Der Begriff kommt eigentlich aus der Science-Fiction. Am Raumschiff Enterprise werden technisch klingende Worte genutzt, um die Handlung voranzutreiben – die Crew merkt plötzlich, dass eine „temporale Polarisation" zu einer Zeitreise führt. In solchen Serien wird mit komplizierten Begriffen hantiert, damit das Publikum nicht die Logik des Plottwists hinterfragt. Viele Falschmeldungen weisen ebenfalls Technobabble auf – und Menschen, die diese Meldungen für wahr halten, geben diesen Technobabble wieder: Als ich zum Beispiel im August 2020 auf einer dieser großen Corona-Demos in Berlin recherchierte, sprach ich mit einer Frau aus Baden-Württemberg. Sie erzählte mir, dass ihr der PCR-Test Sorgen mache. Bei den Tests bekommt man beispielsweise ein Stäbchen in die Nase geführt. Die Frau meinte, sie fürchte, dass dabei ihre „Blut-Hirn-Schranke" verletzt werden könnte. Sie gab hierbei eine

Falschmeldung wieder, die zuvor im Internet kursiert war und die Technobabble nutzt: Der Mensch hat zwar eine Blut-Hirn-Schranke, diese befindet sich allerdings nicht in der Nase und wird demnach bei einem PCR-Test nicht angegriffen. Die Medizin gibt dementsprechend Entwarnung.[59]

## ERKENNEN SIE DIE MACHT VON FRAGEN

Wenn Sie mit Menschen diskutieren, die viele Falschmeldungen oder gar Verschwörungserzählungen lesen, rechnen Sie mit solchem Technobabble – dass Ihnen Fachbegriffe entgegengeworfen werden, und Sie möglicherweise nicht alles sofort inhaltlich einordnen können. Die Gefahr besteht, dass man sich in der Diskussion davon verunsichern lässt. Denn ohne Recherche ist oft nicht sofort erkennbar, was ein valides Argument ist und wo Fachbegriffe aus dem Kontext gerissen werden. Und selbst wenn Sie sehr gebildet sind, einen guten Überblick über viele wissenschaftliche Disziplinen und Konzepte haben, werden Sie nie jede Form von Technobabble kennen – dafür gibt es einfach zu viele Begrifflichkeiten und teilweise werden auch einfach neue Formulierungen erfunden („levitiertes Wasser").[60]

Daher ein Tipp – wenn Sie mit jemandem diskutieren, der oder die von Falschmeldungen selbst in die Irre geführt wird und Technobabble wiedergibt, können Sie zumindest Folgendes tun: Fragen Sie nach und versuchen Sie die Person dazu zu bringen, dass sie ihre eigene Logik näher inspiziert.

Diese Methode nennt man auch den Sokratischen Dialog – es handelt sich um eine Diskussionstaktik, die schon im antiken Rom dokumentiert wurde, bei der man mittels Fragen auf einen Erkenntnisgewinn hinsteuert. Auch bei aktuell kursierenden Mythen lässt sich das anwenden, zum Beispiel können Sie fragen: Warum glaubst du, dass Chlordioxid nicht schädlich ist? Wie meinst du das? Woher hast du dieses Argument?[61]

Dieses ernst gemeinte, aber höfliche Nachfragen kann Menschen bemerken lassen, dass sie etwas selbst nicht ganz verstanden haben – oder dass eine Logik dann doch nicht so schlüssig ist. Wohlgemerkt: Nachfragen ist kein Wundermittel, es baut auch auf der grundsätzlichen Bereitschaft des Gegenübers auf, sich solchen Fragen zu stellen. Jedoch ist dieses vorsichtige Nachfragen manchmal eine sinnvolle Taktik, um gemeinsam die Logik oder Argumente einer Person zu beleuchten.

Dazu noch eine Erfahrung meiner Bekannten, deren Vater Chlordioxid konsumiert hat und auch weiterhin viele

Falschmeldungen wiedergibt. Es ist schwierig, ihm argumentativ zu kontern, weil er rhetorisch geschickt und auch von seiner Sichtweise sehr überzeugt ist. „Das einzige Mal, wo er nur ansatzweise ins Zweifeln gekommen ist, war der Moment, als meine Schwägerin ganz einfach nachfragte: ‚Wieso kommst du zu diesem Schluss, warum glaubst du, machen die das?' Mein Vater hatte behauptet, dass das Coronavirus mit irgendwelchen dunklen Plänen der Finanzwirtschaft zusammenhängen würde. Aber durch das Nachfragen kam er mit seiner Argumentation regelrecht ins Stottern. Ich glaube nicht, dass er daraufhin seine Weltsicht überdacht hat, aber es war ein interessanter Moment, weil er kurz doch stutzig wurde. Was sicher wichtig war: Meine Schwägerin fragte nicht angriffig nach, sondern sie wollte seine Argumentation nachvollziehen können, also die Logik der angeblichen Weltverschwörung verstehen. Das hat ihn zumindest dazu gebracht, in der Situation auch etwas strenger über seine eigenen Argumente nachzudenken."

Ich habe es schon an früheren Stellen im Buch erwähnt, aber lassen Sie es mich noch einmal betonen: Manchmal ist es bereits ein Erfolg, wenn man auch nur den Hauch eines Zweifels bei einer Person sät. Das bedeutet nicht, dass dieser Zweifel das Gegenüber automatisch umdenken lässt oder weiter wachsen wird. Aber zumindest ist es für alle, die diskutieren, sinnvoll, zu erkennen, dass Fragen ein mächtiges Diskussionsinstrument sind.

Fragen können allerdings auch dafür genutzt werden, Falschheiten oder wilde Gerüchte zu verbreiten. Die bereits erwähnte Frau auf der Corona-Demo in Berlin hatte noch einen zweiten Einwand gegen die PCR-Tests, mit denen man feststellt, ob jemand mit dem Virus infiziert ist. Sie sagte zu mir, der PCR-Test beunruhige sie auch deshalb, weil „die dann meine DNA haben – was machen die damit?“ Erstaunt hakte ich nach, was ihrer Meinung nach denn mit ihrer DNA passieren würde. Worauf sie besorgt antwortete: „Ich weiß es nicht!“[62]

Das ist ein typisches Beispiel, wie ohne jegliche Substanz ein Vorwurf in eine Frage gekleidet wird: Die Frau hat zwar keine konkrete Vorstellung davon, was mit ihrer DNA passieren könnte. Dennoch deutet sie mit ihrer Frage an, dass etwas Schlimmes drohen würde. Im Englischen nennt man das eine „loaded question“ – eine Frage, die genau genommen eine kontroversielle Behauptung oder einen Vorwurf beinhaltet. In einem Essay in der „Zeit“ hat die Journalistin Maja Beckers diese Methode gut erklärt: „Seine Unterstellungen (...) in eine Frage zu gießen, heißt, sie weniger angreifbar zu machen. Wer fragt, kann kaum der Lüge überführt werden. Man fragt ja nur, und die Frage liegt jenseits von Kategorien wie wahr oder falsch.“[63]

Das Problem ist, dass Fragen oft als etwas rein Positives gesehen werden. So nach dem Motto: „Fragen wird man ja wohl noch dürfen!“ Wir alle haben gelernt, dass Fragen ein wichtiges Instrument des Erkenntnisgewinn sind – kritische Fragen sind außerdem ein zentrales Instrument bei der Kontrolle von Obrigkeiten. Es ist aber auch wichtig darauf hinzuweisen, dass nicht jede Frage auf Erkenntnisgewinn abzielt. Vielleicht erinnern Sie sich an ein Posting, das ich im vorangegangenen Kapitel zitiert habe. Im „Sucharit Bhakdi Fanclub“ auf Facebook fragte eine Userin: „Ab wann habt ihr gemerkt, dass mit C was ganz Großes läuft?" Das ist ein typisches Beispiel für eine „loaded question": Das suggeriert, dass es beim Coronavirus in Wirklichkeit um etwas Gefährliches im Verborgenen gehe. Die Userin bekam dann Antworten wie: „Ich hatte von Anfang an eigentlich ein komisches Gefühl (...)." Oder: „So ziemlich von Anfang an!!!! Es wird noch Schreckliches kommen."

Fragen sind eben höchst unterschiedlich einsetzbar – man kann mit ihnen logisches Denken anregen, aber ebenso Verschwörungserzählungen kommunizieren. Es wäre falsch, Fragen pauschal zu verteufeln oder jede Frage als harmlos abzutun. Man sollte sie eher als mächtiges rhetorisches Instrument verstehen. Mit einer Frage gibt man oft die weitere Richtung des Gesprächs vor. Deshalb: Achten Sie darauf, wer welche Fragen stellt und in welche Richtung eine Konversation steuert. Sie können auch gleich im Gespräch darauf hinweisen – zum Beispiel sagen: „Moment, deine Frage legt ja nahe, dass hinter dem Coronavirus ‚etwas ganz Großes' steckt. Kannst du mir sagen, wie du auf das kommst?" Oder Sie können Mitlesenden oder Mithörenden deutlich machen, dass eine Frage allein noch kein Beleg ist und zum Beispiel folgendermaßen formulieren: „Moment, deine Frage ist eigentlich ein ziemlich schlimmer Vorwurf: Du erklärst allen Ernstes, dass hinter dem Coronavirus etwas Größeres stecken würde. Hast du dafür einen Beleg?"

Wenn Sie rhetorische Tricks verstehen, mit denen falsche Argumente verbreitet werden, dann können Sie effizienter auf solche Unwahrheiten antworten. Genau um dieses Wahrnehmen unlogischer Behauptungen wird es im Folgenden gehen.

## HIER KOMMT DIE IMPFUNG GEGEN UNSINNIGE ARGUMENTE

Wenn man länger über manch ein Gerücht nachdenkt und wirklich alle relevanten Daten berücksichtigt, ergibt dieses oftmals gar keinen Sinn mehr: Ein anschauliches Beispiel dazu betrifft die moderne Mobilfunktechnologie 5G. Schon länger wird Angst vor 5G geschürt, auch wenn dafür wissenschaftliche Belege fehlen.[64] In der Coronakrise kam dann die Erzählung auf, 5G wäre der wahre Grund, warum Menschen an Covid-19 erkranken. In meinen Augen gibt es aber ein starkes Argument, das zeigt, warum das unlogisch ist: Manche Länder hinken beim 5G-Ausbau komplett hinterher, hatten im Frühjahr 2020 noch kein solches Mobilfunknetz – aber sehr wohl Coronavirus-Infizierte. Frankreich ist so ein Land, oder auch der Iran. Beide Länder verfügten bei Ausbruch der Corona-Pandemie über kein 5G-Netz, stießen aber sehr wohl auf große Probleme mit dem Coronavirus.[65] Würde 5G tatsächlich eine Erkrankung mit Covid-19 auslösen, dann dürfte man es lediglich in jenen Ländern oder Regionen finden, die bereits 5G-Netze errichtet haben. Es ist dementsprechend unlogisch, dass Menschen diesem Mythos Glauben schenken – doch solche Vorstellungen haben Konsequenzen. In manchen Ländern fanden sogar schon Brandstiftungen statt, weil Menschen über diese Technologie und ihre vermeintlichen Auswirkungen wütend sind. Allein in Großbritannien wurden zwischen März und

Anfang September 2020 insgesamt 77 Handymasten angezündet und Personal von Telekomunternehmen beleidigt oder sogar angegriffen.[66]

An diesem Beispiel wird übrigens auch deutlich, dass Verschwörungserzählungen und Gewalt durchaus zusammenhängen können. In einer Studie der englischen Northumbria University wurde beobachtete, dass Menschen, die stark an Verschwörungserzählungen über 5G glauben, eher auch Wut spüren und dann eher auch dazu tendieren, Brandstiftungen angemessen zu finden – und sogar eine höhere Bereitschaft zu solchen Straftaten zeigen.[67] Das ist ein weiterer Grund, warum wir diese Thematik so ernst nehmen sollten.

Gehen wir aber noch näher auf die fehlerhafte Logik ein, wonach 5G Covid-19-Erkrankungen auslöst. Warum glauben manche so etwas? Dazu erklärt der australische Kognitionswissenschaftler John Cook: „Menschen sind so gestrickt, dass sie Muster in zufälligen Vorkommnissen wahrnehmen." Dieses Phänomen nimmt unterschiedliche Erscheinungsformen an: Zum Beispiel glauben Menschen häufig, bei zufälligen Zahlenreihen Muster im Ablauf erkennen zu können, oder sie schauen auf ein verbranntes Stück Toast und sehen darin das Gesicht Jesu. Uns allen kann passieren, dass wir fälschlicherweise Muster in Zufälligkeiten zu erkennen meinen, aber bei Verschwörungsgläubigen fällt dies besonders deutlich auf. Im Jahr 2019 begannen viele Länder, 5G-Netze zu errichten. Relativ zeitgleich, Ende 2019, traten die ersten Covid-19-Erkrankungen auf. Personen, die glauben, dass zwischen diesen beiden Sachverhalten eine Verbindung besteht, verwechseln

Korrelation mit Kausalität. Zwei Dinge treten ungefähr zeitgleich in Erscheinung – und manche Menschen sehen das fälschlicherweise bereits als Beleg, dass diese zwei Dinge zusammenhängen müssen. Aber viele Ereignisse passieren gleichzeitig, ohne zusammenzuhängen. John Cook bringt in einem Video folgenden Vergleich: Seit 2019 läuft auch die Star-Wars-Serie „The Mandalorian", in der eine niedliche Figur namens „Baby Yoda" vorkommt. Nach dieser schiefen Logik könnte man genauso sagen: 2019 kam Baby Yoda auf den Markt. Baby Yoda muss für Covid-19 verantwortlich sein.[68, 69]

Das ist natürlich Unsinn. Nur gibt es Eigenheiten im menschlichen Denken, die Fehlschlüsse begünstigen: Wir Menschen nehmen kognitive Abkürzungen, wir betreiben argumentatives Rosinenpicken, oder wir glauben Anekdoten manchmal mehr als der Statistik. Wirklich interessant daran ist, dass viele Falschmeldungen und auch

Verschwörungserzählungen dieselben Logikfehler bedienen. Und das führt zu einer wichtigen Erkenntnis: Wenn man solche Logikfehler kennt, wenn man sie identifizieren kann, dann steigt die Chance, dass man auf solche Falschmeldungen nicht hineinfällt. Auf dieser Idee baut die Methode der „Inokulation“ auf: Man zeigt Menschen die unlogische Seite einer falschen Behauptung auf – und ermöglicht ihnen damit, auch in Zukunft solche irrationalen Aussagen zu erkennen. Man impft Menschen sozusagen gegen unsinnige Argumente.

Der schon zitierte Kognitionswissenschaftler John Cook ist ein wichtiger Vertreter dieses Ansatzes. Er ist ein interessanter Typ: Cook stammt aus Australien und arbeitet mittlerweile an der George Mason University in den USA. Bevor er eine wissenschaftliche Karriere einschlug, war er professioneller Comic-Zeichner. Als sein Schwiegervater die Klimakrise im Gespräch mit ihm anzweifelte, begann Cook, sich mit Klimamythen auseinanderzusetzen und eine Datenbank anzulegen – schließlich ging er dazu über, die kognitiven Mechanismen solcher falschen Erzählungen zu erforschen. Ich habe John Cook für dieses Buch interviewt. Er unterscheidet zwischen drei Typen von Aufklärung gegenüber Desinformation:

1. Faktenbasierte Korrekturen: Hier wird mit richtiger Information auf eine nachweisbar falsche Behauptung geantwortet.

2. Quellenbasierte Korrekturen: Dabei legt man die Fragwürdigkeit einer Quelle (also einer Person oder einer Organisation) offen.

3. Logikbasierte Korrekturen: Diese machen verständlich, wo ein Argument nicht schlüssig ist.

Alle drei Zugänge sind wertvoll und können einander ergänzen. Ich möchte in diesem Buch möglichst viele Werkzeuge vermitteln, mit denen man Fehlinformation entlarven und auch für andere verständlich machen kann. Logik ist ein solches Werkzeug – im Folgenden beziehe ich mich stark auf die Arbeit Cooks und gebe Einblick in wiederkehrende Fehlschlüsse.[70]

## ACHTEN SIE AUF FOLGENDE LOGIK-FEHLER

VOREILIGE SCHLÜSSE: Ein Klassiker ist, dass irreführende Argumente zuerst eine wahre Prämisse erwähnen – daraus aber einen vorschnellen Schluss ziehen. Wie schon erwähnt, hat Donald Trump als US-Präsident sinngemäß erklärt, Desinfektionsmittel könne das Coronavirus abtöten (wahre Prämisse), und angesichts dessen könnte man prüfen, ob man Menschen Desinfektionsmittel spritzen sollte (vorschneller Schluss). Sein angeblich „sarkastischer" Kommentar begeht folgenden Fehler: Er fußt auf der nicht dezidiert ausgesprochenen Überlegung, dass – wenn Desinfektionsmittel Viren auf Oberflächen tötet – dieses Desinfektionsmittel auch Viren innerhalb des Körpers angreift. Allerdings ist dies eine zu große Vereinfachung, weil Desinfektionsmittel nicht nur Viren, sondern auch menschliche Zellen töten kann.[71, 72] Dementsprechend kann es fatal sein, Desinfektionsmittel zu trinken oder zu injizieren.

Zugegeben: Die fehlende Logik Trumps ist in diesem Fall leicht durchschaubar, dafür brauchen die meisten wahrscheinlich kein Logikseminar. Solche vorschnellen Schlussfolgerungen passieren aber häufig, auch in der Politik: Die AfD behauptet in ihrem Parteiprogramm, die Klimapolitik unterschlage „die positive Wirkung von $CO_2$ auf das Pflanzenwachstum und damit auf die Welternährung. Je mehr es davon in der Atmosphäre gibt, umso kräftiger fällt das Pflanzenwachstum aus.“[73] Sinngemäß erklärte die AfD also: Weil Pflanzen $CO_2$ konsumieren (eine wahre Prämisse), sei viel $CO_2$ in der Atmosphäre eine gute Sache. Ein Teil des Arguments ist richtig, denn im Rahmen der Fotosynthese wandeln Pflanzen Kohlenstoffdioxid zu Sauerstoff um. Die Schlussfolgerung jedoch fußt auch auf der – nicht eigens ausgesprochenen – Annahme: Solange Pflanzen genug $CO_2$ haben, geht es ihnen gut. Und das ist falsch, denn Pflanzen brauchen nicht nur $CO_2$, sondern auch ausreichend Wasser. Und wenn wegen all dem $CO_2$ in der Atmosphäre manche Regionen sehr heiß werden und es zu extremer Trockenheit kommt, dann können dort viele Pflanzen nicht mehr überleben. Ergo gibt es auch Grenzen, wie gut $CO_2$ für Pflanzen ist. Diese Beispiele zeigen: Wenn Sie die Logik eines Arguments prüfen wollen, sollten Sie zuerst analysieren, auf welchen Annahmen ein Argument beruht – was schwingt darin alles mit? Gibt es auch versteckte Annahmen, die gar nicht direkt ausgesprochen werden, die aber notwendig für die Schlussfolgerung sind? Und zweitens: Sind die einzelnen Annahmen alle richtig? Bei der schrittweisen, systematischen Überprüfung wird dann oft deutlich: Moment, an dieser Stelle wird zu stark vereinfacht.[74]

ANEKDOTISCHE BEWEISE: Rhetorisch betrachtet haben Wissenschaftler*innen einen Nachteil: Sie untermauern ihre Argumente häufig mit Statistiken, mit Langzeittrends, also mit möglichst gesicherten Daten – das klingt oft recht spröde. Viele unwissenschaftliche Stimmen machen genau das Gegenteil: Sie beschreiben nicht den Trend, sondern sie beschreiben ein anschauliches Ereignis. Nehmen wir die Klimadebatte als Beispiel: Die Ozeane sind bereits messbar wärmer geworden. Von 1980 bis 2015 ist die Temperatur der oberen Wasserschichten der Weltmeere im Schnitt um 0,5 Grad Celsius gestiegen.[75] Im Gegensatz dazu gibt es aber oft jemanden, der an einem kalten Wintertag einwirft: Heute ist es kalt, kann es den Klimawandel wirklich geben?[76] Als es zum Beispiel im Januar 2019 in Teilen der USA besonders kalt war, twitterte der damalige US-Präsident Donald Trump zynisch: „Was zur Hölle ist mit dem Klimawandel passiert? Bitte komm schnell zurück, wir brauchen dich!"[77] Die Aussage ist bei genauer Betrachtung absurd: Zum einen wird der wesentliche Unterschied zwischen Wetter (die aktuelle Temperatur) und Klima (der Durchschnitt der Temperatur über etliche Jahrzehnte hinweg) ausgeblendet. Zum anderen passiert anekdotisches Denken: Weil es *jetzt gerade* kalt ist, so suggeriert der Tweet, lässt sich die Idee der Klimakrise infrage stellen. Aber das ist ungefähr so logisch, wie mitten in der Nacht zu sagen: Ich sehe gerade keine Sonne, ergo bin ich mir nicht mehr sicher, ob die Sonne noch existiert.[78] Passen Sie also auf, wenn jemand ständig mit Einzelereignissen argumentiert – diese sind ein wirkungsvolles rhetorisches Instrument, aber sie sind problematisch, wenn sie nicht den größeren Wissensstand widerspiegeln.

Übrigens zählt zu anekdotischem Argumentieren auch, wenn anstelle des größeren Trends der Forschungsergebnisse nur einzelne Studien betrachtet werden: Besonders absurd ist das, wenn es noch dazu falsche Studien sind. Das ist in der Impfdebatte passiert. 1998 erschien eine irreführende Studie unter Federführung eines britischen Arztes, welche nahelegte, die Masern-Mumps-Röteln-Impfung führe zu Autismus. Dafür gibt es aber keinen Beleg. Etliche Studien überprüften das und gaben Entwarnung. Und es stellte sich heraus: Der britische Arzt hatte verschwiegen, dass er die finanziellen Mittel für seine Forschung zum Teil mithilfe einer impfkritischen Rechtsanwaltskanzlei aufgestellt hatte – was einen Interessenkonflikt bedeutet.[79] Aber bis heute geistert diese falsche Studie durchs Netz – und macht vielen Eltern Angst.[80]

Übrigens: In vielen solchen Fällen passiert nicht nur anekdotisches Diskutieren, sondern auch CHERRYPICKING (auf Deutsch: Rosinenpicken). Dabei werden nur jene wissenschaftlichen Ergebnisse berücksichtigt, die einem gut ins Konzept passen, und der Rest findet keine Erwähnung. Ich muss wahrscheinlich nicht näher ausführen, dass Rosinenpicken einer der häufigsten unfairen Rhetoriktricks ist.

Gehen wir noch auf zwei logische Trugschlüsse ein, die gerne angewendet werden, aber nicht immer so leicht erkennbar sind:

ÄPFEL UND BIRNEN VERGLEICHEN: Einige Mythen bauen darauf auf, dass zwei Dinge verglichen werden, die aber nicht vergleichbar sind: Es handelt sich um eine „false equivalence", eine irreführende Analogie. Auf Facebook kursieren zum Beispiel immer wieder Falschmeldungen, wie viel finanzielle Unterstützung geflüchtete Menschen angeblich vom Staat kassieren, und wie wenig dagegen Einheimische bekämen.[81] Häufig jonglieren solche Beispiele mit falschen Zahlen, aber zusätzlich vergleichen sie auch oft Äpfel mit Birnen. Ich kann mich an eine Falschmeldung aus Österreich erinnern, bei der allen Ernstes die Sozialleistungen einer achtköpfigen asylsuchenden Familie mit den Sozialleistungen einer fünfköpfigen österreichischen Familie verglichen wurden. Das Beispiel hantierte einerseits mit Fantasiezahlen – und andererseits ist es schon ziemlich absurd, in einem Rechenbeispiel eine Familie mit acht Personen einer Familie mit fünf Personen gegenüberzustellen.[82] Mit solchen schiefen Vergleichen wird dann Wut auf geflüchtete Menschen geweckt – aufgrund einer scheinbaren Besserstellung. Solche irreführenden Analogien klingen jedoch oft überzeugend.

Während der Covid-19-Pandemie wurde häufig suggeriert: Das Coronavirus sei halb so wild, denn es sei ja wie eine Grippe. Das ist ebenfalls eine „false equivalence": Es gibt wesentliche Unterschiede zwischen Covid-19 und der Influenza. Ich nenne exemplarisch zwei davon: Erstens kann man davon ausgehen, dass ein Teil der Bevölkerung gegen die Grippe bereits teilweise immun ist (weil Personen die Krankheit schon hatten oder sich impfen ließen). Wohingegen ein neues Virus wie SARS-CoV-2 für den Körper eine unbekannte Herausforderung darstellt, was einen wesentlichen Unterschied darstellt. Der zweite Punkt ist, dass gerade bei älteren Menschen – speziell ab 55 – Covid-19 eine höhere Infektionssterblichkeit aufweist als die Grippe.[83] Manche der harmloseren Symptome von Grippe und einer SARS-CoV-2-Erkrankung überschneiden sich, das stimmt. Aber die Fachkräfte auf den Intensivstationen sehen große Unterschiede, zum Beispiel wie behandlungsintensiv Covid-19-Erkrankte sind.

In einem Video hat John Cook einen guten Tipp geliefert, wie man mit falschen Vergleichen umgehen kann: „Um zu verhindern, dass man von einer irreführenden Analogie getäuscht wird, kann man ihre unterschiedlichen Erscheinungsformen erlernen und abseits der oberflächlichen Ähnlichkeiten betrachten, ob es Unterschiede gibt, die einen Vergleich unzulässig machen."[84] Ähnlich wie man bei Äpfeln und Birnen schnell erkennt, dass Form und Geschmack unterschiedlich sind, sollte man auch bei anderen (oft auf den ersten Blick stimmig wirkenden)

Vergleichen überprüfen, ob nicht doch gröbere Differenzen auffallen.

Und zum Schluss noch ein rhetorischer Trick, mit dem unliebsame Fakten gekonnt vom Tisch gewischt werden:

UNMÖGLICHE ERWARTUNGEN: Manchmal bringt man gute Argumente, aber das Gegenüber ist überhaupt nicht davon beeindruckt. Der Klimaforschung passiert das regelmäßig: Sie ist oft mit „impossible expectations“ konfrontiert: Die Erwartungen werden so hochgeschraubt, dass die Wissenschaft sie eigentlich nicht mehr erfüllen kann. Beispielsweise fasst die NASA den Forschungsstand auf ihrer Webseite folgendermaßen zusammen: „In seinem fünften Bewertungsbericht kam das Intergovernmental Panel on Climate Change, eine Gruppe von 1300 unabhängigen wissenschaftlichen Expert*innen aus Ländern der ganzen Welt unter Schirmherrschaft der Vereinten Nationen, zum Ergebnis, dass mit 95-prozentiger Wahrscheinlichkeit menschliche Aktivitäten in den vergangenen 50 Jahren bewirkten, dass der Planet wärmer wurde.“[85] Für die oft vorsichtig formulierende Wissenschaft sind das sehr deutliche Worte: Die führenden Forschenden auf diesem Gebiet gehen extrem stark davon aus, dass Aktivitäten des Menschen zu einer Erhitzung der Erde führen. Doch auf solche Zahlen folgen in Diskussionen häufig Anmerkungen wie: Warum eigentlich nicht hundert Prozent? Oder klimaskeptische Stimmen verschieben die Messlatte nach oben, ab welchem Temperaturanstieg wir uns erst Sorgen machen müssten. Man kann also unliebsame Argumente vom Tisch wischen, indem man unmögliche Erwartungen aufstellt.

Diese rhetorische Technik kommt nicht nur in der Klimadebatte zum Einsatz. Sie erinnern sich vielleicht an die Frau aus Bayern, die eine falsche Behauptung über Angela Merkel geglaubt hatte. Als sie darauf aufmerksam gemacht wurde, dass die Aussage nicht korrekt war, hatte sie sinngemäß erklärt: Sie ärgere sich nicht darüber, die irreführende Aussage geglaubt zu haben, weil diese ja noch wahr werden könnte. Angela Merkel könnte demnach eines Tages noch tun, was ihr jetzt fälschlicherweise angekreidet wurde. Das ist eine Beweislastumkehr: Nach so einer Logik steht Angela Merkel unter Schuldverdacht – und könnte nur noch mittels einer Zeitmaschine belegen, dass sie auch in Zukunft etwas nicht tun wird. Sie merken bei dieser Argumentation: Auch das ist eine unrealistische Erwartungshaltung.

Es gibt viel mehr Logikfehler oder schiefe Argumentationsformen, als ich Ihnen hier vorstellen kann. An dieser Stelle möchte ich Ihnen ausdrücklich die Webseite von John Cook empfehlen: Unter skepticalscience.com listet er Dutzende solcher irreführender Argumentationstechniken auf.[86] Exemplarisch habe ich Ihnen dennoch eine Handvoll dieser Taktiken erklärt. Denn das *Kennen* solcher argumentativen Tricks erleichtert auch ein *Erkennen* dieser Methoden in Zukunft. Genau das wird eben als „Inokulation" verstanden – man impft Menschen gewissermaßen Antikörper gegen irreführende Diskussionsstile ein.

Tests zeigen die Sinnhaftigkeit solcher argumentativer „Schutzimpfungen" auf: Zum Beispiel bemerkte John Cook gemeinsam mit Kollegen, dass Inokulation themenübergreifend ist. Zuerst zeigte man Personen zu einem Themengebiet eine unfaire rhetorische Taktik auf – und im Anschluss stieg die Chance, dass sie einer ähnlichen fehlerhaften Argumentation – allerdings in einem anderen Themenbereich – keinen Glauben schenkten.[87] Das ist bemerkenswert. Viele Faktenchecks bauen rein auf der inhaltlichen Ebene auf und vergleichen einzelne falsche Behauptungen mit den realen Fakten – die Aufklärung ist dementsprechend kontextbezogen. Im Gegensatz dazu hat das Erklären logischer Fehlschlüsse einen gravierenden Vorteil, wie John Cook sagt: „Richtigstellungen, die auf Logik basieren, verleihen Menschen die Fähigkeit, dass sie irreführende Argumente über unterschiedliche Themenkomplexe hinweg erkennen können."

Es ist sinnvoll, unterschiedliche Taktiken auszuprobieren. Wenn Sie zum Beispiel im Bekanntenkreis oder in der Familie jemanden haben, der oder die falschen Behauptungen aufsitzt, versuchen Sie nicht nur, mit Fakten zu kontern. Probieren Sie es auch mit Logik – oder hinterfragen Sie die Quellen, die die Person benutzt. Gerade weil es so schwierig ist, Menschen mit unliebsamen Argumenten zu überzeugen, sollte man verschiedene Zugänge testen. Besonders sinnvoll ist Inokulation übrigens dann, wenn jemand Falschmeldungen noch gar nicht glaubt – also als Schutzimpfung. Wenn Sie Menschen in Ihrem näheren Umkreis haben, die anfällig für manche faktenwidrigen Behauptungen sind, dann können Sie auch prophylaktisch solche Logikfehler in einer Behauptung aufzeigen – und damit sinngemäß Antikörper gegen weitere Desinformation aufbauen. Diese Methode des Aufzeigens von Logikfehlern sollte meiner Ansicht nach in der Schule oder auch im öffentlich-rechtlichen Fernsehen vorgeführt werden – weil man Menschen damit das Rüstzeug gibt, auf manche Argumentation gar nicht erst hineinzufallen.

Nur stellt sich zum Schluss dieses Kapitels eine wichtige Frage: Wie kann man Logikfehler am besten verständlich machen? Denn Logik ist ein abstraktes Konzept, bei dem man durchaus mitdenken muss.

Der erste Tipp: Achten Sie darauf, dass Ihre Beispiele simpel und zugänglich sind. Die Überlegung von Trump, Personen Desinfektionsmittel zu injizieren, ist recht einfach als verkürzte Schlussfolgerung erkennbar. Machen Sie es sich selbst nicht unnötig schwer, nutzen Sie abgeschwächte Beispiele, bei denen der jeweilige Logikfehler sofort durchschaubar wird und die Ihren Punkt verständlich machen.

Zweitens: Arbeiten Sie mit Vergleichen, die die Schieflage eines Arguments vorführen. John Cook bringt dafür folgendes Beispiel: In der Corona-Debatte gibt es Menschen, die sinngemäß sagen: „Ihr könnt mich nicht zwingen, eine Maske zu tragen, das schränkt meine Freiheitsrechte ein!" Aber gemäß dieser Logik könnte man der Polizeikontrolle auch erklären: „Sie können mich nicht davon abhalten, betrunken Auto zu fahren, das schränkt meine Freiheitsrechte ein!"[88] Eine solche Rhetorik ist unstimmig, denn in unserer Demokratie haben wir zwar viele Freiheiten, jedoch ist auch die persönliche Freiheit nicht grenzenlos. Gerade solche Vergleiche sind gut geeignet, die Absurdität eines Arguments aufzuzeigen. John Cook nennt das „parallel arguments", etwas freier übersetzt: „spiegelgleiche Argumente". Vielleicht erinnern Sie sich, dass im Winter manchmal die Idee der Erderhitzung angezweifelt wird. Ich habe daraufhin den Vergleich gebracht, das sei, wie in der Nacht zu hinterfragen, wo die Sonne geblieben ist. Auch das ist ein Bild, das von John Cook stammt. Gerade Vergleiche mit Alltagsthemen (betrunken Autofahren, kein Sonnenlicht in der Nacht) erleichtern es, unsinnige oder zumindest strittige Argumente leichter zu durchschauen: Denn sie bringen die fehlende oder nicht ganz lupenreine Logik manch einer Aussage besser auf den Punkt – und lassen sich dann auf abstraktere Themen übertragen.

Im Gespräch mit mir sagte John Cook etwas Wichtiges: „Es ist kognitiv harte Arbeit, solche Irrtümer zu dekonstruieren und zu identifizieren. Man muss gedanklich innehalten und intensiv über die Argumentation nachdenken. Das ist eine Fertigkeit. Es ist ähnlich, wie wenn man Akkorde auf der Gitarre lernt, man kann das wahrscheinlich in ein, zwei Stunden bewerkstelligen. Aber das Gitarrenspiel wirklich zu meistern, das kann Jahre dauern."

In meinen Augen bedeutet das: Es ist auch eine Frage der Erfahrung und der Übung, wie rasch man irreführende Argumente erkennt und auch für andere verständlich macht. Es handelt sich um eine Kompetenz, die man in der Regel nicht automatisch hat, sondern an der man arbeiten und die man verfeinern kann. Und deswegen, glaube ich, ist es so wichtig, dass wir an diesem Thema dranbleiben – dass wir nicht aufgeben, auch wenn Diskussionen oft mühsam sind, auch wenn viele Argumente abblitzen. Man kann das auch als Lernerfahrung verbuchen, auf dem Weg, besser verständlich zu werden.

Peerreview
Daten
wissen-
schaft-
lich
repräsentative
Studie
95%
Wahrschein-
lichkeit
WAHRHEIT
Evidenz
Hypothese

# 3

# Wie erkennt man, wer tatsächlich Expertise hat?

Wir haben bei der Aufklärung von Desinformation ein gravierendes Problem: Es ist oft gar nicht so leicht zu durchschauen, wer recht hat. Oder sagen wir so: In der Kakophonie unterschiedlicher Stimmen lässt sich nicht immer gleich heraushören, wessen Aussage eher vom Stand der Forschung gestützt wird und wer abseits der Fakten kommuniziert. Diese Herausforderung und woran man seriöse Stimmen aus der Wissenschaft erkennen kann, werde ich in diesem Kapitel thematisieren. Aber beginnen wir mit einer grundsätzlichen Frage: Welches Ziel verfolgt Wissenschaft überhaupt – was kann sie uns beispielsweise in ungewissen Situationen wie der Coronakrise bieten?

Ich glaube, ein ernsthaftes Problem ist, dass Menschen manchmal unrealistische Erwartungen an die Wissenschaft stellen. Sie suchen eine Gewissheit oder gar eine Wahrheit, und das möglichst prompt und noch dazu auf neuen

Gebieten wie SARS-CoV-2. Jedoch arbeitet die Forschung nicht mit absoluten Begriffen wie „Wahrheit“ und sie ist ein langsamer, mühsamer Prozess. Oder wie es die Wissenschaftshistorikerin Lorraine Daston in der Berliner Zeitung „Der Tagesspiegel“ formuliert: „In der Wissenschaft geht es wohlgemerkt um das Ideal einer Verfahrensobjektivität. Nicht darum, zeitlose Wahrheiten zu produzieren. Objektivität ist gleichsam eine Prozedur zur Eliminierung von Fehlerquellen – die Subjektivität der Forschenden soll, wo es möglich ist, ausgeblendet werden. Das Wissen, das Wissenschaft produziert, ist indes niemals absolut, immer vorläufig und prinzipiell revidierbar. Es geht eher um Wahrscheinlichkeiten als um eherne Wahrheiten. Das muss man sich vor Augen führen, wenn man mit wissenschaftlichem Wissen konfrontiert ist. Der Begriff der Wahrheit stammt aus einem anderen epistemischen Universum. Wahrheit ist eine platonische Vorstellung, geeignet eher für die Theologie, nicht für die moderne Wissenschaft. Würde die Wissenschaft ewige Wahrheiten aufbieten, gäbe es keinerlei Fortschritt mehr.“[89]

Für mich zeigt dieses Zitat: Gerade weil Wissenschaft keine Wahrheit verspricht, sondern auf der Bereitschaft aufbaut, die eigenen Annahmen zu hinterfragen, sollten wir sie ernst nehmen. Sie ist die rationalste Form der Wissensgenerierung, die wir Menschen bisher gefunden haben. Aber das Zitat lässt auch erahnen, warum es seriöse Wissenschaftskommunikation so schwer hat: Sie wägt ab und verspricht nicht die absolute Wahrheit, sie revidiert manchmal sogar ihren eigenen Kurs, wenn sie merkt, dass die mittlerweile vorliegenden Daten doch in eine andere Richtung deuten. Das wirkt dann mitunter für Außenstehende unentschieden oder verwirrend. Und im Kontrast dazu sind womöglich jene Stimmen für manche verlockender, die in ihren Youtube-Kanälen die „WAHRHEIT" bereits in fetten Lettern ankündigen oder die Bestseller schreiben, in denen sie provokante Thesen vertreten – unbeirrt durch Fakten, die ihnen widersprechen könnten.

Das zweite große Problem der Wissenschaftskommunikation ist: Weil Wissenschaft keine absoluten Wahrheiten produziert, oft eine vorsichtige Sprache wählt und dabei auch Dinge anspricht, die noch ungewiss sind, lassen sich leicht Zweifel wecken, selbst wenn die vorliegenden Ergebnisse schon deutlich in eine Richtung zeigen. Dann gibt es Leute, die diese Erkenntnisse infrage stellen und einwerfen: Ist das wirklich so sicher? Brauchen wir nicht noch viel, viel mehr Daten?

Nehmen wir ein historisches Beispiel, das dies verdeutlicht: In den Achtzigerjahren kam weltweit eine Debatte auf, dass auch Passivrauchen das Krebsrisiko erhöht. Zum Beispiel fand der japanische Epidemiologe Takeshi Hirayama heraus, dass Frauen, deren Männer rauchten, häufiger an Lungenkrebs starben. Sie können sich vorstellen, dass die Tabakindustrie nicht erfreut war über solche Ergebnisse: Denn wenn auch Passivrauchen schädlich ist, führt dies unweigerlich zur Debatte, ob man Rauchen an vielen Orten verbieten soll, und das wiederum gefährdet die Umsätze dieser Branche. 1987 begann der Tabakkonzern Philip Morris gemeinsam mit anderen Marken ein Programm über „Environmental Tobacco Smoke", bei dem man gezielt akademische Fachleute unter anderem in Europa ansprach und für Beratung anheuerte. In der Tabakindustrie wurden solche Stimmen aus der Wissenschaft „whitecoats“ genannt, zu Deutsch: „Weißkittel“. Ziel solcher Programme war, dass diese beratenden Personen Standpunkte passend zur Industriesicht in öffentlichen Gremien und in Medien vertreten und somit die Debatte beeinflussen sollen.[90] Besonders anschaulich haben das die Historikerin Naomi Oreskes und der Historiker Erik M. Conway in ihrem Buch „Merchants of Doubt“ beschrieben.[91] Wie der Titel ihres Buchs schon nahelegt, wurden Zweifel gesät – zum Beispiel, ob wirklich schon genug Daten über die Schädlichkeit von Passivrauchen vorliegen. Hier wurde die Diskussionstaktik der „unmöglichen Erwartungshaltung“ angewandt, die wir bereits kennengelernt haben.

Eine weitere Beobachtung von Oreskes und Conway ist bemerkenswert: Einzelne wissenschaftliche Berater, die sich zu Wort meldeten, hatten gar keine ausgeprägte Expertise zu dem Thema. Zum Beispiel agierte der US-amerikanische Physiker Frederick Seitz als Berater der Tabakindustrie – und zweifelte öffentlich an, ob Passivrauchen tatsächlich so gefährlich ist. Seitz war zu diesem Zeitpunkt bereits im Ruhestand und forschte nicht einmal auf diesem Gebiet. Noch mehr als das: Ein paar Jahre später wurde auch zunehmend über das Klima diskutiert, weil Messungen aufzeigten, dass die Erde heißer wird. Zum Teil waren es sogar dieselben Personen, die nun die Ernsthaftigkeit der Klimaerhitzung anzweifelten, die schon zuvor die Gefährlichkeit des Rauchens kleingeredet hatten. Frederick Seitz zum Beispiel hatte in der Zwischenzeit mit Kollegen einen eigenen konservativen Thinktank gegründet, der auch Geld seitens der

Ölindustrie erhielt, und er zweifelte die Klimakrise öffentlich an. Er teilte übrigens auch jenes Argument, das wir schon kennengelernt haben, wonach $CO_2$ ja gut für das Wachstum von Pflanzen sei (was, wie ich schon ausführte, eine „voreilige Schlussfolgerung“ ist). Auch zu diesem Thema, dokumentieren Oreskes und Conway in ihrem Buch, hat der Physiker Seitz nicht selbst geforscht.[92]

Der Kognitionswissenschaftler John Cook spricht bei solchen Methoden von „Fake Experts“. Über die Weißkittel, die die Tabakindustrie engagierte, sagte er einmal: „Es spielt keine Rolle, dass sie gar keine Erfahrung in der Erforschung der Gesundheitsfolgen des Rauchens hatte – sie sollten lediglich aussehen wie Expert*innen.“[93]

92
93

Man kann also Forschende engagieren, die gar nicht auf einem Gebiet tätig sind, die aber als „Fake Experts" Verwirrung stiften. Eine andere Taktik, mit der das Verständnis für Wissenschaft nicht unbedingt verbessert wird, ist der Einsatz sogenannter „Bulk Fake Experts", also scheinbare Expertise als Massenware.

Ein berühmtes Beispiel hierfür liefert die sogenannte „Oregon-Petition". Auch hier waren Frederick Seitz und sein konservativer Thinktank wesentlich involviert. Diese Petition forderte, die USA sollen keine (damals angedachten) Begrenzungen für den $CO_2$-Ausstoß festlegen. Mehr als 31.000 Akademikerinnen und Akademiker unterzeichneten das Dokument zwischen 1998 und 2008. Das klingt nach einer Menge, aber sehen wir uns das etwas genauer an: Die größte Gruppe, 12.700 der Unterzeichnenden, hatten gerade einmal einen Bachelor-Abschluss.[94] Am meisten Unterschriften kamen von Personen aus dem Maschinenbau – also kein Feld der Klimaforschung. Man kann davon ausgehen, dass in den USA mindestens zehn Millionen Menschen mit Bachelor-Abschluss oder einem höheren akademischen Grad leben. Wenn gut 31.000 von ihnen eine Petition unterzeichnen, umfasst das gerade einmal 0,3 Prozent der Studierten.[95]

Am wichtigsten erscheint mir aber dieser Hinweis: Bloß weil Tausende fachferne Personen ein Dokument unterzeichnen, hat dies noch keine Auswirkung auf den tatsächlichen Forschungsstand in der Disziplin. Forschung funktioniert ja nicht nach dem Prinzip des „Like-Buttons": Es ist nicht notgedrungen jene Idee richtig, welche mehr „Gefällt mir"-Angaben sammelte.

Auch in der Corona-Pandemie wurde mit Petitionen hantiert. Da gab es ein Dokument namens „Great Barrington Declaration“. Auf einer professionell gestalteten Webseite mit eigens produzierten Videos kann man lesen, dass fast 12.000 Forschende aus dem Bereich Medizin oder Public Health diese unterschrieben haben sowie fast 34.000 Ärztinnen und Ärzte (Stand: November 2020). Die Namen der Unterstützenden sind, während ich diese Zeilen schreibe, nicht mehr einsehbar. Dem britischen TV-Sender „Sky“ war aufgefallen, dass manche Angaben nicht authentisch wirkten. Als unterzeichnende Personen konnte man beispielsweise „Dr. Person Fakename“ oder „Dr. Johnny Bananas“ finden.[96] Mittlerweile heißt es, alle Namen sollen vor Veröffentlichung noch überprüft werden. Trotz dieser Problematik kann man davon ausgehen, dass einige Fachleute aus Medizin und Public Health diese Petition unterschrieben haben. Die drei Erstunterzeichnenden gehören den renommierten Universitäten Harvard, Oxford und Stanford an. Was die Petition jedoch fordert – sie will das Ziel der Herdenimmunität verfolgen –, ist ein umstrittener Vorschlag. Er widerspricht dem Zugang, die Pandemie durch strenge Maßnahmen einzudämmen, den die meisten europäischen Staaten einschlugen. Auch folgte prompt eine Entgegnung: In der angesehenen wissenschaftlichen Fachzeitschrift „The Lancet“ publizierten Dutzende Forschende im Oktober 2020 ihre Ansichten zum „derzeitigen evidenzbasierten wissenschaftlichen Konsens zu Covid-19“. Sie warnen, dass eine Strategie, die auf Herdenimmunität setzt, „das Risiko einer erheblichen Morbidität und Mortalität in der gesamten Bevölkerung“ bedeutet.[97, 98, 99, 100] Ihre Einschätzung wird das „John Snow Memorandum“ genannt.

Relevant ist das für uns aus folgendem Grund: Man erkennt hier einmal mehr, wie Petitionen über wissenschaftliche Themen als Kommunikationstool funktionieren. Denn die Forderung nach Herdenimmunität ist eine Randposition. Doch mittels der „Great Barrington Declaration" gelang es, diese Sichtweise ein paar Tage zumindest stärker in den Fokus zu rücken. Auch wurde sie zigtausendfach im Internet von Personen geteilt, die die Corona-Maßnahmen in ihrem Land ablehnen. Dies wird übrigens auch die Taktik der „magnified minority" genannt – hierbei wird eine Minderheitenposition vergrößert sichtbar.

Noch ein zweites Detail ist interessant: Unterzeichnet wurde die Petition nicht an einer Universität oder bei einem wissenschaftlichen Fachverband, sondern beim „American Institute for Economic Research" (AIER). Das ist ein libertärer Thinktank, der sich vielfach gegen die Regulierung des Marktes einsetzt – und wenig überraschend ist die Petition, die dieser Thinktank unterstützt, eine, die gegen strenge staatliche Auflagen mobilisiert.[101]

Zum Glück gibt es über viele Forschungsgebiete keine dermaßen bewegte Debatte. Aber immer dann, wenn eine wissenschaftliche Frage von akuter gesellschaftlicher Bedeutung ist, muss man damit rechnen, dass rund um wissenschaftliche Ergebnisse (und ihre Interpretation) heiß diskutiert wird. Das Thema Impfen, die Klimakrise, das Coronavirus sind zweifelsfrei solche Felder: Wir sehen hier auch, dass manche wissenschaftsfernen bis wissenschaftsfeindlichen Narrative gerade in sozialen Medien geschickt verbreitet werden – erinnern wir uns nur an die unseriöse, zurückgezogene Studie zum Thema

Masern-Mumps-Röteln-Impfungen, die aber bis heute geteilt und in der impfkritischen Szene gerne zitiert wird.

Neben sozialen Medien spielen auch etablierte Medien eine Rolle dafür, ob der Stand der Wissenschaft verständlich oder weniger verständlich kommuniziert wird. Im Englischen nennt man Personen, die Zweifel am Konsens eines wissenschaftlichen Fachgebiets äußern, „Contrarians". Es kann passieren, dass bei manchen Themen konträre Stimmen – die dem Fachkonsens widersprechen – medial einige Aufmerksamkeit bekommen. In den USA ist genau das in der Klimadebatte passiert. Bekannt ist dazu die Untersuchung der Brüder Jules und Maxwell Boykoff, ein Politologe und ein Umweltwissenschaftler. Die beiden werteten für den Zeitraum 1988 bis 2002 prestigeträchtige US-Medien wie die „New York Times" oder das „Wall Street Journal" aus und stellten fest, dass konträre Stimmen, die den Konsens der Klimaforschung anzweifelten, stark zu Wort kamen. Die beiden Forscher argumentierten, dass journalistische Normen, konkret das Bedürfnis, „beide Seiten" zu Wort kommen zu lassen, eine negative Rolle spielen. Denn dieses Bedürfnis bewirke einen verzerrten Eindruck über den Status quo der Wissenschaft. Dazu schreiben sie: „Am Ende führt dieses Festhalten an einem ausgeglichenen Berichterstatten dazu, dass eine informationell unausgewogene Berichterstattung über die globale Erwärmung stattfindet. Diese Verzerrung, die hinter dem Schleier der journalistischen Ausgewogenheit verborgen bleibt, erzeugt einen diskursiven und einen realen politischen Raum, in dem die US-Regierung Verantwortung vermeiden und Handeln verzögern kann betreffend der Erderwärmung."[102]

Man spricht auch von „false balance", wenn Personen, die nicht dasselbe Level von Expertise aufweisen oder deren Positionen nicht ähnlich stark wissenschaftlich untermauert sind, auf dieselbe Ebene mit tatsächlichen Fachleuten gehoben werden. Der Kognitionswissenschaftler John Cook beobachtete mit Kollegen in einer Studie Folgendes: Wenn man Menschen einen Artikel vorlegt, der sowohl Argumente der Klimaforschung als auch die Sichtweise von Contrarians beinhaltet, dann sinkt im Schnitt das Bewusstsein, dass ein wissenschaftlicher Konsens in der Thematik besteht.[103] Als Journalistin erscheint mir das eine interessante Beobachtung. Denn es deutet darauf hin, dass Redaktionen einen Einfluss darauf haben, wie ein Thema in der Öffentlichkeit wahrgenommen wird – wen Medien befragen, wem sie Raum geben, wird als Signal dafür gewertet, dass diese Person etwas Substanzielles zum Thema beizutragen hat.

Auch als Einzelne oder Einzelner kann man aus solchen Ergebnissen etwas mitnehmen. Bei wissenschaftlichen Themen, die gleichzeitig gesellschaftliche Streitfelder sind, muss man einerseits damit rechnen, dass sich auch Menschen zu Wort melden, die zwar akademisch gebildet sind, aber nicht wirklich zum Thema forschen (siehe Frederick Seitz). Zweitens kann man auch selbst darauf achten, keine false balance anzuwenden. Wenn ein Thema unübersichtlich wird, wenn es auch unterschiedliche Sichtweisen gibt, fällt manchmal der Satz: „Die Wahrheit wird irgendwo dazwischenliegen." Aber Vorsicht: Das stimmt nicht notgedrungen. Wenn zum Beispiel in einer Talkshow eine tatsächliche Klimawissenschaftlerin, die zum Thema forscht und den Stand der Wissenschaft überblickt, auf einen pensionierten Physiker trifft, der nicht zum Thema publiziert und nicht dazu forscht, aber eine deutliche Meinung hat, sollte man womöglich jener Stimme besonders zuhören, die wirklich Expertise auf dem Gebiet hat. Es ist absurd zu glauben, dass man in öffentlichen Debatten mit dem Lineal ausrücken und genau in der Mitte aller eingebrachten Positionen die „Wahrheit" festmachen könnte.

## ACHTUNG BEI SPEKTAKULÄREN STUDIEN – UND WEITERE WARNSIGNALE

Was kann man nun tun, wenn im Dickicht unterschiedlicher Meinungen der Wissensstand unübersichtlich wird? Wie lässt sich eruieren, welche Position dem Stand der Forschung entspricht oder wer tatsächlich fachkundig ist? Zum einen sind das Fragen, für die wir Wissenschaftsjournalismus brauchen – der als Vermittler zwischen Allgemeinheit und Fachnische auftritt. Zum anderen gibt es zumindest ein paar Tipps, die bei der Orientierung helfen können:

TIPP 1: Wenn Sie von einer brisanten neuen Studie oder der spektakulären Aussage einer angeblichen Fachperson hören, recherchieren Sie, ob Faktencheck-Angebote wie jene der Deutschen Presse Agentur (dpa), der Austria Presse Agentur (APA), dem Faktenfinder der ARD, Correctiv.org oder Mimikama.at diese Studie oder die genannte Person schon einmal thematisiert haben. Speziell wenn es sich um eine besonders provokante Stimme handelt oder eine Studie so fragwürdig ist, dass sie sogar zurückgezogen werden musste, werden Sie oftmals Einordnungen dazu finden. Ganz konkret: Googeln Sie den Namen der Person oder die Kernaussage der Studie und schreiben Sie das Wort „Faktencheck“ dazu – dann finden Sie am ehesten passende Texte.

TIPP 2: Nicht in jedem Fall werden Sie auf aufschlussreiche Faktenchecks stoßen. Dann können Sie sich überlegen: Ist die Person auf dem konkreten Gebiet fachkundig? Ein besonders deutliches Beispiel: Zu Beginn der Corona-Pandemie fiel ein Wiener Zahnarzt auf, der Verschwörungsmythen rund um SARS-CoV-2 und Bill Gates verbreitete.[104] Natürlich hat man als Zahnarzt medizinische Kenntnisse, aber man muss nicht unbedingt über Expertise auf dem Gebiet der Virologie oder zu Bill Gates verfügen. Im Umkehrschluss: Wenn Sie eine Zahnfüllung brauchen, werden Sie wohl eher in die Zahnambulanz – und nicht auf die Virologie – gehen.

TIPP 3: Das Fachgebiet allein verrät nicht unbedingt, ob jemand am neuesten Stand der Wissenschaft ist, ob er oder sie beispielsweise aktuell Forschung publiziert. Hier spielen peer-reviewte Studien eine wichtige Rolle. Bevor wissenschaftliche Fachzeitschriften Studien veröffentlichen, müssen diese den Peer-Review-Prozess durchlaufen – sie werden anderen Fachleuten auf dem Gebiet vorgelegt.[105] Dieser Ablauf funktioniert nicht immer perfekt, aber er dient grundsätzlich der Qualitätskontrolle: Manche Studien überstehen die Kontrolle des peer reviews nicht, werden also nicht veröffentlicht, oder es werden Überarbeitungen gefordert, ehe das Dokument publiziert wird. Wenn ein Artikel hingegen auf einem sogenannten „preprint-Server" hochgeladen ist, heißt dies, dass er noch nicht von anderen Forschenden begutachtet wurde: Das sagt nichts über die Qualität der Studie an sich aus, aber man sollte sich zumindest bewusst sein, dass es noch keine solche Kontrolle gab.

Interessant ist auch der Unterschied zwischen begutachteter Forschung und populärwissenschaftlichen Büchern, die durchaus von Persönlichkeiten aus der Wissenschaft stammen können, aber deren Buch nicht eine Begutachtung im wissenschaftlichen Sinne durchlaufen hat. Ich ziele hier speziell auf das Buch „Corona Fehlalarm?" vom Ehepaar Sucharit Bhakdi und Karina Reiß ab, er ist Infektionsepidemiologe im Ruhestand, sie Biochemikerin. Beide stammen tatsächlich aus der Wissenschaft, aber in der Fachwelt ist ihr Buch auf starke Kritik gestoßen. Karina Reiß arbeitet an der Uni Kiel und die Fachschaft Medizin ihrer eigenen Universität hielt in einem Statement fest: „Das Buch ist wissenschaftlich nicht haltbar. Mit vielen rhetorischen Fragen, mit unspezifischem Geraune und mit viel Polemik wird eine Projektionsfläche aufgebaut, auf der sich ‚Corona-Zweifler' und Verschwörungstheoretiker jeglicher Couleur von zwei augenscheinlich renommierten Professoren bestätigt fühlen können. Es werden eine Vielzahl von Sachverhalten falsch oder stark verkürzt dargestellt."[106] Trotz der Kritik aus Fachkreisen war das Buch „Coronavirus Fehlalarm?" ein „Spiegel"-Bestseller. An diesem Beispiel erkennt man einmal mehr, dass es sich reichweitentechnisch durchaus lohnen kann, wenn man als Contrarian auftritt und beispielsweise ein provokantes Buch schreibt, das dann gut in jener Nische am Markt ankommt, die genau solche Ansichten teilt.

TIPP 4: In solchen Fällen können Sie dann auch darauf achten, ob Ihnen bei einer Argumentation Logikfehler oder Lücken auffallen. Wie schon erwähnt, handelt es sich um die Taktik des Cherrypicking (Rosinenpicken), wenn man nur sehr einseitige wissenschaftliche Ergebnisse berücksichtigt. Die Wissenschaftsjournalist*innen Alexandra Bröhm und Felix Straumann haben einen Faktencheck zum Buch von Sucharit Bhakdi und Karina Reiß vorgelegt. Kritisiert wird darin unter anderem, dass Reiß und Bhakdi das Coronavirus mit der Grippe vergleichen: „Bei dieser Frage beziehen sich die Autoren vor allem auf eine Studie, die vor fast sechs Monaten erschienen ist und nur Fälle bis zum 2. März erfasst (...)“.[107] Das entspricht der Taktik des Rosinenpickens. Nun kann man natürlich anmerken, dass Bhakdi und Reiß ihr Buch extrem rasch nach Ausbruch der Coronakrise publizierten – es erschien im Juni 2020 –, aber selbst damals gab es bereits Argumente und Daten, die den Thesen ihres Buchs widersprachen – und die nicht berücksichtigt wurden.[108] Jedenfalls: Wenn Sie brisante Aussagen zu wissenschaftlichen oder auch politischen Themen hören, achten Sie darauf, ob Ihnen Logikfehler oder unstimmige Argumentationsformen auffallen, wie wir sie bereits kennengelernt haben.

TIPP 5: Beachten Sie nicht nur die einzelne Studie, sondern den größeren Forschungstrend! Zu diesem Thema sprach ich mit dem Forscher Jakob-Moritz Eberl von der Universität Wien, der erklärt: „In der Kommunikationswissenschaft unterscheiden wir zwischen ‚Episodic Framing' und ‚Thematic Framing', wenn über Wissenschaft berichtet wird. ‚Episodic Framing' passiert, wenn eine einzelne Studie als Aufregerthema herangezogen wird. ‚Thematic Framing' ist, wenn ein Thema ausgeleuchtet wird, verschiedene Studien angesprochen werden, auch wie sie zueinander stehen – hierbei wird also der größere Forschungstrend erläutert." In der Coronakrise passierte oftmals „Episodic Framing": Eine brisante neue Studie macht Schlagzeilen! Solche Aufregertexte bekommen natürlich viel Aufmerksamkeit, aber manchmal sind die Ergebnisse nicht ganz so spektakulär oder aussagekräftig, wie die Headline suggeriert. Und leider wird die Studie dann oft nicht genau erklärt oder in den Stand der Wissenschaft eingeordnet. „Solches ‚Episodic Framing' rund um einzelne Aufregerstudien ist catchy, es ist greifbar", sagt Jakob-Moritz Eberl. Journalistisch aufwändiger ist es, einen Forschungsüberblick zu liefern, der einordnet, der erklärt, in welche Richtung die Fülle der vorliegenden Ergebnisse deutet. Das ist zwar tiefgründiger Journalismus, aber er wirft nicht immer die brisante Schlagzeile ab. Mein Tipp ist hier: Nutzen Sie jene Formate im Journalismus, die sich dieses umständliche, komplexe „Thematic Framing" antun. Zum Beispiel leisten sich manche Qualitätszeitungen, TV-Sender oder Anstalten des öffentlich-rechtlichen Rundfunks gute Wissenschaftsredaktionen, die eine solche

Einordnung bieten. Das Coronavirus-Update von NDR-Info, bei dem der Virologe Christian Drosten und die Virologin Sandra Ciesek im Gespräch mit der Fachjournalistin Korinna Hennig viele Fragen rund um das Virus behandeln, ist meines Erachtens ein gutes Beispiel für „Thematic Framing". Das möchte ich betonen: Es gibt sehr wohl erstklassigen Journalismus, sehr tiefgängige Digitalformate, die sich Zeit für die Komplexität eines Themas nehmen: Und ich glaube, der wichtigste Tipp von allen ist es, möglichst solche hochqualitativen Formate zu nutzen – und davon zum Beispiel in der Familie oder im Bekanntenkreis zu erzählen.

Solche Tipps lösen nicht alle Ungewissheiten: Tatsächlich gibt es ja Streitfragen, bei denen auch seriöse Stimmen in der Wissenschaft noch nicht einer Meinung sind. Gerade die Forschung rund um das Coronavirus ist ein sich rasant entwickelndes Gebiet, das noch dazu tief in unser Leben hineinspielt, da ist es unwahrscheinlich, dass in allen Punkten Einigkeit oder gar Harmonie herrscht. Aber zumindest glaube ich, dass man auch als fachferne Person auf diese Weise auf Warnsignale achten kann und einzuordnen lernt, welche Position vielleicht eher fragwürdig ist. Und diese Warnsignale kann man dann anderen auch erklären.

Dazu noch ein abschließender Gedanke: Was können Sie unternehmen, wenn eine Person der Wissenschaft gar keinen Glauben mehr schenken will? Tatsächlich ist die Wissenschaftsskepsis bis Wissenschaftsfeindlichkeit ja ein reales Problem: „Aus der Forschung wissen wir, dass manche Menschen zu einer populistischen Denkweise neigen: Diese zeichnet sich auch durch eine elitenfeindliche Haltung aus – inklusive einer sehr wissenschaftsfeindlichen Haltung", sagt der Kommunikationswissenschaftler Jakob-Moritz Eberl hierzu.[109] Die Corona-Pandemie ist seiner Ansicht nach „der perfekte Sturm" für Verschwörungserzählungen, weil es um ein Thema geht, bei dem die Eliten aus Politik und Wissenschaft eine zentrale Rolle spielen. Die Forschung bietet Einblick in das Coronavirus und Regierungen setzen Maßnahmen gegen dessen Verbreitung. Wer ohnehin schon ein großes Misstrauen in politische oder wissenschaftliche Institutionen hat, ist Eberls Ansicht nach eher gefährdet, solche Spekulationen zu glauben. „Zumindest unsere Umfragedaten aus Österreich deuten auf zwei Aspekte hin: Zum einen sehen wir eine Rechtslastigkeit bei der Affinität für Verschwörungserzählungen. Wenn jemand nach rechts tendiert, ist die Chance etwas höher, dass die Person an Verschwörungsmythen glaubt, ganz besonders stark ist das bei Verschwörungsmythen zum Thema Migration. Und zum anderen gibt es Grund zur Annahme, dass auch ein Misstrauen in Wissenschaft und in politische Institutionen die Chance erhöht, dass jemand auf solche Erzählungen einsteigt – ungeachtet der politischen Einstellung."[110]

Was kann man also machen, wenn man mit jemandem diskutiert, der oder die meint, alle Studien seien gekauft, oder das Renommee namhafter Institutionen wie der WHO oder dem Robert-Koch-Institut anzweifelt? Überlegen Sie in solchen Fällen: Gibt es Quellen, die seriöse Information zu diesem Thema geliefert haben, denen Ihr

Gegenüber noch vertraut? Zum Beispiel kann es sein, dass ein Familienmitglied zwar sehr skeptisch gegenüber „den Medien“ oder „der Wissenschaft“ ist, aber trotzdem seit Jahrzehnten eine Lokalzeitung liest und ihr gegenüber grundsätzlich positiv eingestellt ist. Schauen Sie, ob diese Lokalzeitung vielleicht einen Faktencheck zu der Thematik geliefert hat. Ob Menschen die Korrektur einer Falschmeldung ernst nehmen, scheint auch davon abzuhängen, wer dies sagte. Experimente deuten darauf hin, dass die Vertrauenswürdigkeit einer Person oder Institution sogar mehr zählen kann als ihre tatsächliche Expertise.[111] Im Idealfall zitiert man bei der Entgegnung einer Falschmeldung eine Quelle, die sowohl Expertise aufweist als auch noch Vertrauen bei Ihrem Gegenüber genießt. Es geht im Grunde darum, mit ein bisschen Einfühlungsvermögen zu überlegen: Welchem Absender, welcher Absenderin hört Ihr Gegenüber noch zu? Selbst das ist kein Garant, dass Ihnen die andere Person unbedingt Glauben schenkt, aber im Optimalfall erhöht man die Chance, dass ein Argument auf Gehör stößt.

Man kann sich sogar überlegen, ob man sich auf Promis bezieht, die faktenbasierte Argumente zur Debatte beisteuerten.[112] Denn berühmte Persönlichkeiten finden viel Gehör und können womöglich Menschen erreichen, die sonst nicht zuhören würden. Ich bin gleichzeitig etwas gespalten, was den Verweis auf Berühmtheiten betrifft. Denn im Bereich der Desinformation spielen prominente Personen eine ambivalente Rolle. Es gibt Stars und Kunstschaffende, die einfühlsame Dinge sagen, wissenschaftliche Fakten ernst nehmen. Aber dann fallen auch einzelne bekannte Persönlichkeiten auf, die faktenfern kommunizieren oder die gar Verschwörungsmythen verbreiten. Ich denke hier an Personen wie den Sänger Xavier Naidoo oder den veganen Kochbuchautor Attila Hildmann. Bei solchen Prominenten besteht die Gefahr, dass die Aufmerksamkeit, die sie erhalten, manche Verschwörungserzählungen noch sichtbarer macht – und dass dies die dazugehörige Szene beflügelt. Man erkennt hier, dass Menschen mit Prominenz in unserer Gesellschaft eine Wirkmacht haben – und nicht alle nutzen diese in vernunftbasierter Weise.

## WIE MAN FALSCHES ERFOLGREICHER RICHTIGSTELLT

Was nun schon deutlich wurde: Es lassen sich ein paar Tricks und Empfehlungen ausfindig machen, wie man Information eine Spur wirkungsvoller formuliert. Im Folgenden werde ich einen Einblick geben, wie man kursierenden Falschmeldungen ein Stück weit effizienter kontern kann – und was man vermeiden sollte.

### TIPP

**Betonen Sie das Richtige!**

Wenn wir etwas Falsches oder gar Absurdes hören, neigen wir dazu, prompt zu antworten: „Nein, das stimmt nicht!" Wir sagen zum Beispiel: „Nein, Bill Gates hat niemanden zwangssterilisiert." Das Problem ist jedoch: Man wiederholt dabei die falsche Aussage – stellt lediglich eine Verneinung davor. Und hier besteht die Gefahr, dass man die falsche Information ins Rampenlicht setzt, schlimmstenfalls sogar zur Bekanntheit und zur Eingängigkeit von Mythen beiträgt. Sinnvoller ist es, das Richtige in den Vordergrund zu rücken und somit prominenter zu machen.

Sie erinnern sich möglicherweise an das falsche, aber hartnäckige Gerücht, die Masern-Mumps-Röteln-Impfung würde Autismus verursachen. Weil sich diese unseriöse Behauptung beharrlich hält und Eltern verunsichert, wird diese Frage immer wieder untersucht. Dann kommt einmal mehr eine Studie heraus, die erneut nahelegt: Achtung, an dem Gerücht ist nichts dran! Medien berichten in guter Absicht über die wichtige neue Studie und schreiben beispielsweise in der Überschrift: „Kein Autismus durch Masernimpfung". Es handelt sich um eine naheliegende Headline, die den Sachverhalt richtig zusammenfasst – trotzdem ist sie ungünstig gewählt. Weil hier das falsche Gerücht noch einmal prominent hervorgehoben wird, lediglich das Wort „kein" wird davorgesetzt. Fachleute raten, nur sehr vorsichtig die Kernaussage einer Fehlinformation anzusprechen. Stattdessen sollte man das Richtige hervorheben.

Es gibt ein exzellentes Dokument, das „Debunking Handbook 2020", welches etliche Forschende, darunter beispielsweise John Cook, erstellten, die sich mit Desinformation und Faktenchecks beschäftigen. Dieses Handbuch empfiehlt bei der Aufklärung von Falschheiten folgende Reihenfolge:[113]

## AUFBAU EINER RICHTIGSTELLUNG

- Beginnen Sie mit etwas, das richtig ist. Es muss zur Thematik passen.
- Warnen Sie, dass ein Gerücht oder eine Falschmeldung folgt, und erwähnen Sie diese nur einmal, unmittelbar bevor Sie sie korrigieren.

- Erklären Sie, warum man weiß, dass etwas falsch ist. Hier können Sie auch Logikfehler aufzeigen, die dies verständlich machen.
- Schließen Sie noch einmal mit richtiger Information, um diese erneut in den Vordergrund zu stellen.

Lassen Sie mich das am Beispiel der berüchtigten Impfstudie kurz illustrieren:

Achtung vor diesen Impfmythen!

- Es gibt Krankheiten, an denen müsste kein Kind mehr sterben – wer sein Kind zum Beispiel gegen Masern impfen lässt, schützt es und trägt zur Herdenimmunität gegen diese gefährliche Krankheit bei.
- Das Problem ist jedoch, dass seit Jahren eine Falschmeldung kursiert, die Eltern Angst macht – und manche davon abhält, diese wichtige Impfung durchführen zu lassen. Konkret kursiert seit Jahren das Gerücht, die Masern-Mumps-Röteln-Impfung würde Autismus auslösen. Eine unseriöse Studie behauptete das, die im Anschluss sogar zurückgezogen wurde.
- Es stellte sich heraus, dass der britische Arzt, der diese falsche Studie federführend verfasst hatte, unsauber vorgegangen war und finanzielle Mittel mithilfe einer impfkritischen Rechtsanwaltskanzlei erhalten, dies aber verschwiegen hatte.
- Mittlerweile ist das Thema gut erforscht. Zum Beispiel werteten dänische Mediziner die Daten von mehr als 650.000 Kindern aus – mit einem beruhigenden

> Resümee.[114] Es zeigten sich beim Autismusrisiko keine Unterschiede bei geimpften und ungeimpften Kindern. Der Stand der Forschung legt Eltern Folgendes nahe: Man kann und soll guten Gewissens sein Kind impfen lassen.

Wobei meine Richtigstellung leider eine Schwachstelle aufweist: Genau genommen verwende ich leider in zwei Sätzen die Worte „Autismus" und „Impfung". Das mag nach einem Detail klingen, aber es hat schon einen Grund, warum man möglichst selten das Falsche wiederkäuen soll. Ergebnisse aus der Psychologie verdeutlichen: Die Wiederholung von Behauptungen ist wirkungsvoll. Das führt mich gleich zum nächsten Punkt.

**TIPP**

---

Wiederholen Sie sich! Die Wiederholung ist ein rhetorisches Instrument

---

In den 1970er-Jahren wurde erstmals ein bedeutendes Experiment durchgeführt: Im Rahmen einer psychologischen Studie bekamen Menschen über Wochen hinweg immer wieder Aussagen via Tonaufnahme vorgespielt. Manche Behauptungen waren falsch, manche waren richtig. Aber egal, ob eine Aussage stimmte oder erfunden war, die Wiederholung wirkte: Was die Teilnehmenden häufiger gehört hatten, stuften sie eher als wahr ein. In typischem Wissenschaftssprech notierten die Psychologin Lynn Hasher und ihre Kollegen David Goldstein und Thomas Toppino: „Die Frequenz der Vorkommnisse ist augenscheinlich ein Kriterium, das genutzt wird, um die referenzielle Gültigkeit von plausibel klingenden Statements zu ermitteln."[115] Das Faszinierende ist also: Wird man öfter mit bestimmten Aussagen konfrontiert, steigt die Chance, diese als wahr einzustufen. In der Psychologie wird das der „Wahrheitseffekt" genannt, wobei mir der englische Fachbegriff noch besser gefällt: „illusory truth effect". Denn die englischsprachige Bezeichnung verdeutlicht, dass das Gefühl von Wahrheit auch trügerisch sein kann. Wenn einzelne Userinnen und User in sozialen Medien zum Beispiel viele fragwürdige Quellen abonnieren, dann ist ihr Feed womöglich voll mit ständig gleichen Falschmeldungen. Hier besteht die Gefahr, dass durch die Wiederholung das Falsche einsickert – und die Frequenz einer Aussage das trügerische Gefühl von Richtigkeit vermittelt.

Daraus lässt sich aber eine Empfehlung ableiten: Wenn die Wiederholung mächtig ist, dann sollten wir uns dies zunutze machen – und möglichst oft das Richtige ansprechen! Wenn Sie jemandem erklären, warum eine Falschmeldung nicht stimmt, wiederholen Sie an unterschiedlichen Stellen das Richtige. Auch sollte man nicht davon ausgehen, dass mit einem einmaligen Hinweis auf den Faktencheck die Fehlinformation ausgeräumt ist: Manch eine irreführende Behauptung zirkuliert jahrelang, da ist es auch sinnvoll, immer wieder den Faktencheck aufzusetzen und in Erinnerung zu rufen.

Ich bin der Ansicht, dass man hier sogar etwas von unseriösen Kanälen im Netz lernen kann. Die sind nämlich beharrlich, erzählen oft über Jahre hinweg dieselbe Form von Gerücht. Es lässt sich davon ausgehen, dass ein Teil der Wirkung von Desinformation auch auf ihrer beharrlichen Wiederholung fußt. Ich glaube: Wer Fakten sichtbar machen will, muss auch beharrlich dieselben Fakten kommunizieren! Fürchten Sie sich nicht davor, Ähnliches zu wiederholen, im Gegenteil, nutzen Sie Wiederholung als rhetorisches Instrument.

Und es gibt meines Erachtens noch etwas Zweites, das man von unseriösen Stimmen im Netz lernen kann: Kommunizieren Sie möglichst simpel, arbeiten Sie an der Zugänglichkeit Ihrer eigenen Botschaft. Falschmeldungen haben es hier einfacher, sie liefern oft eine simple Erklärung, womöglich gar einen Sündenbock. Die Realität hingegen ist komplex. Jedoch gibt es durchaus ein paar argumentative Kniffe, wie man Fakten simpler greifbar macht – dazu nun die nächsten beiden Empfehlungen.

### TIPP

**Prüfen Sie die eigene Wortwahl: Wie deutlich sprechen Sie?**

Wir haben bereits vom wissenschaftlichen Begriff des „Framing" gehört. Maßgeblich zur Verbreitung dieses Konzepts trug der Linguist George Lakoff bei. Er geht davon aus, dass wir die Welt mittels Frames erfassen – das sind Deutungsrahmen. Um eine Aussage zu verstehen, müssen wir die dazu passenden Frames in unserem Hirn aktivieren. Wenn ich sage, denken Sie jetzt bitte nicht an Donald Trump, werden Sie unweigerlich an diesen Mann denken. Selbst wenn ein Frame verneint wird („Denken Sie nicht an Trump"), müssen Sie demnach den Frame gedanklich zuerst aufrufen. Eine wichtige Frage ist also: Welche Frames aktiviert die eigene Sprache? Dazu bringt Lakoff in seinem Blog ein anschauliches Beispiel: Donald Trump hat in seiner Zeit als Präsident ja viele Diffamierungen und Kampfbegriffe eingesetzt, er diskreditierte einige US-amerikanische Medien sogar als „enemy of the American people".[116] Prompt widersprachen Journalist*innen auf Twitter – und nutzten den Hashtag #NotTheEnemy. Sie zitierten dabei Trumps Frame, setzten lediglich eine Verneinung („Not") davor. Hiervon rät Lakoff ab. Denn „um einen Frame zu negieren, müssen Sie ihn aktivieren. Frames, wie alle anderen Ideen, werden durch neurale Verbindungen im Gehirn konstituiert. Jedes Mal, wenn so eine Verbindung aktiviert wird, werden deren Synapsen stärker“, schreibt er in seinem Blog. Er empfiehlt bei solchen Provokationen: „Vermeiden Sie es, diese Angriffe zu wiederholen! Verwenden Sie Ihre eigenen Worte und Werte, um die Konversation anders zu framen.“[117] Dementsprechend ist ein Hashtag sinnvoller, der beispielsweise die schwere verbale Attacke auf die Presse als solche benennt oder den Wert von unabhängigem (und nicht gefälligem) Journalismus betont. Die These des Framing bietet eine Erklärung, warum man das Richtige betonen sollte. Und Framing kann meines Erachtens auch erläutern, warum man sich manchmal beim Diskutieren so schwertut: Wenn Sie in einer Debatte das Gefühl haben, es gelingt Ihnen nicht, den eigenen Standpunkt deutlich genug zu artikulieren, dann könnte das an den Frames in dem Gespräch liegen. Kann es sein, dass Sie in der Situation mittels Frames kommunizieren, die Ihren Werten oder den Fakten widersprechen? Ein Beispiel: Wenn Sie merken, dass Sie gerade stark mittels Verneinung kommunizieren („Nein, Bill Gates will nicht …“, „Nein, Impfungen führen nicht zu …“), dann kann das ein Anzeichen sein, dass Sie im Frame der Falschmeldung versuchen, Ihren eigenen Standpunkt verständlich zu machen.

Überlegen Sie stattdessen, wie Sie etwas direkter formulieren, womöglich auch klarer benennen können, was Sie selbst beunruhigt. Zum Beispiel: „Es ist schockierend, wie viel Falsches über Bill Gates kursiert.“ Oder: „Impfungen sind eines der wichtigsten Instrumente der Medizin, um

Krankheiten zurückzudrängen.“ Das mag simpel klingen, nur lässt man sich in der Hitze einer Debatte schnell ablenken. Gerade wenn einen ärgert, was die andere Person von sich gibt, besteht die Gefahr, dass man intensiv auf die aufwühlende Aussage eingeht, aber die eigenen starken Diskussionspunkte aus den Augen verliert. Lassen Sie sich nicht aus dem Konzept bringen: Erinnern Sie sich an die These des Framing. Vor allem: Erinnern Sie sich an das, was Sie eigentlich sagen wollten!

Dazu noch eine Empfehlung rund um wissenschaftliche Themen: Ich habe schon mehrfach betont, dass die wissenschaftliche Sprache Komplexität einräumt und Ungewissheit anspricht – was gut ist. Jedoch besteht die Gefahr, dass Fachleute zu einer vagen Sprache tendieren, die zwar ihre wissenschaftliche Community richtig einordnen kann, die aber ein Teil der breiten Öffentlichkeit falsch interpretiert. Da wird das Ansprechen von einzelnen Ungewissheiten im schlimmsten Fall überinterpretiert als: „Die Forschung hat absolut keine Ahnung“. Hier gibt es ein hilfreiches Dokument: Das „Uncertainty Handbook“ erklärt anhand der Klimadebatte, wie Forschende Ungewissheit besser kommunizieren können.[118] Nach Überflutungen wird beispielsweise oft die Frage gestellt, ob diese eine Folge der Klimakrise seien. Tatsächlich gehen Fachleute davon aus, dass die Erderhitzung in Regionen wie Nordwesteuropa starken Regen wahrscheinlicher macht.[119] Gleichzeitig wissen sie aber auch, dass gerade Hochwasser eine komplexe Thematik sind – man kann nicht immer im Detail sagen, welcher Faktor zu einem Wetterereignis führte. Das Dokument empfiehlt hier, mit dem zu starten, was man weiß (und nicht mit dem, was unklar ist). In Anlehnung an das Handbuch würde ich zu folgender Formulierung anregen: „Die Erde wird wärmer und dies führt dazu, dass auch mehr Feuchtigkeit in der Luft ist – was die Chancen von starkem Niederschlag erhöht. Dementsprechend passen Hochwasser, die nun vermehrt registriert werden, durchaus zu den Prognosen aus der Klimaforschung. Wetter ist zu komplex, um für jeden einzelnen Vorfall zu klären, was diesen auslöste. Aber grundsätzlich lässt sich bei der Erderhitzung davon ausgehen, dass es vermehrt zu extremen Wetterereignissen in unserer Region kommen wird."

Es handelt sich hier um einen schwierigen Spagat: Selbstverständlich soll Ungewissheit angesprochen und erklärt werden, aber gleichzeitig stellt sich die Frage, ob man für das allgemeine Publikum noch verständlich genug ist. Forschende sind es oft gewohnt, in ihren Fachzirkeln zu diskutieren, wo sie viel Wissen voraussetzen können – wenn sie jedoch in der breiteren Öffentlichkeit kommunizieren, ist es wichtig, die Grundannahmen ihres eigenen Fachs mitzuerklären.

### TIPP

Nutzen Sie die Überzeugungskraft von Bildern

Auch in diesem Punkt kann man von unseriösen Accounts im Netz etwas lernen. Diese sind oft geschickt darin, Botschaften simpel zu gestalten und leicht zugänglich zu machen – und das gelingt oft mittels Bildern. Man sieht zum Beispiel das Gesicht von Bill Gates und daneben eine erfundene Behauptung. So skurril das ist: Allein die Existenz eines Bildes neben einer falschen Aussage kann die Glaubwürdigkeit steigern. Es gibt sogar ein eigenes Wort dafür: „truthiness effect".

Diesen hat die Psychologin Eryn J. Newman mit Kolleginnen und Kollegen in unterschiedlichen Untersuchungen beobachtet. Personen bekamen Behauptungen zu lesen, mal waren es richtige, mal waren es falsche. Zum Beispiel: „Giraffen sind das einzige Wirbeltier, das nicht springen kann." Das ist falsch. Bemerkenswert war aber: Wenn neben der Behauptung das Foto einer Giraffe zu sehen war, hielten das die Leute eher für wahr. An sich ist das Foto in dem Fall „nicht beweiskräftig". Denn bloß, weil man das Bild einer Giraffe herzeigt, verrät dies ja noch nichts darüber, ob Giraffen oder andere Tiere gut hüpfen können. Aber selbst ein Foto, das keine Beweiskraft hat, kann den Eindruck bestärken, eine Aussage sei wahr. Eine Erklärung hierfür ist, dass durch ein begleitendes Bild die Behauptung kognitiv leichter verarbeitbar wird – die sogenannte „cognitive fluency" steigt, was wiederum das Gefühl erhöht, etwas klingt stimmig.[120] Ich finde die Beobachtung immer wieder faszinierend, dass selbst nichtssagende Fotos eine Wirkung auf die gefühlte Glaubwürdigkeit einer Aussage haben können. Daraus kann man etwas lernen: Bilder bringen manchmal einen Vertrauensbonus. Da empfiehlt es sich, besonders auch Fakten auf der Bildebene zu unterstreichen.

Es gibt ebenfalls Grund zur Annahme, dass nicht nur Fotos, sondern auch Infografiken hilfreich sein können. Das testeten die Politologen Jason Reifler und Brendan Nyhan einmal: Sie zeigten Fans der republikanischen Partei in den USA Information zur Erderhitzung. Wie schon erwähnt, zweifelt speziell dieses politische Lager wissenschaftliche Ergebnisse zur Klimakrise an. Deshalb wurden solchen Personen Fakten entweder als Bild oder aber als Text vorgelegt: Beide Varianten lieferten die Information, dass binnen dreißig Jahren die Oberflächentemperatur der Erde um 0,5 Grad Celsius gestiegen ist – was unterschiedliche Institute von der NASA bis zur japanischen Meteorologischen Behörde aufzeigen. Ein Teil der Teilnehmenden an der Studie bekam die Information als Text geliefert, ein anderer Teil sah es als Grafik:

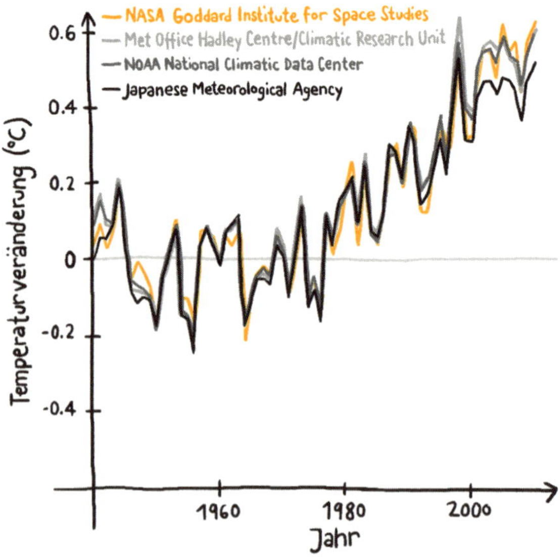


So sah die Grafik in der Studie aus – sie wurde von unserer Illustratorin Marie-Pascale Gafinen nachgezeichnet.[121]

Die Politologen stellten fest: Das Bild wirkte stärker. Bei jenen Republikanerinnen und Republikanern, die sich weniger intensiv mit ihrer Partei identifizieren, erhöhte es sogar die Chance, dass sie anerkannten, dass die Erderhitzung vom Menschen ausgelöst wird.[122] Gewiss ist weitere Forschung zu dieser Thematik notwendig, zumindest gibt diese Studie aber Hoffnung, dass Aufklärung mittels Grafiken stärker wirkt. Reifler merkt dazu an: „Die Grafiken müssen natürlich verständlich und inhaltlich richtig sein."

Ein Vorteil von Bildern, gerade bei der Kommunikation im Netz, ist auch: Anschauliche Postings mit Foto erhöhen die Bereitschaft, dass Menschen den Beitrag teilen.[123] Man verschafft sich somit bessere Chancen auf Aufmerksamkeit.

Apropos Aufmerksamkeit: Wenn Sie mit Ihrer Richtigstellung für Aufsehen sorgen wollen, kann Humor auch ein Zugang sein. So hat John Cook mit Kolleginnen getestet, ob eine humorvolle oder eine nicht humorvolle Korrektur von falschen Behauptungen effizienter war. Hier zeichnet sich ein komplexes Bild: Die nüchterne Richtigstellung wurde als umso glaubwürdiger eingestuft. Die witzige Aufklärung jedoch erhielt mehr Aufmerksamkeit. Das legt nahe: Es gibt nicht den einen richtigen Weg bei der Aufklärung von Desinformation, sondern unterschiedliche Zugänge. Und womöglich kann es sinnvoll sein, diese verschiedenen Methoden zu nutzen, um verschiedene Zielgruppen anzusprechen. Also: Sie können es ernst probieren – oder auch mal mit Humor![124]

## TIPP

### Erklären Sie die Hintergründe!

An einigen Stellen habe ich es bereits angerissen: Uns Menschen beeindrucken spröde Fakten oft weniger als anschauliche Geschichten – gerade Anekdoten, die stimmig anmuten, können überzeugend sein.[125] Viele Falschmeldungen oder Verschwörungserzählungen liefern anschauliche Geschichten, die zwar der faktischen oder logischen Überprüfung nicht standhalten, aber griffig klingen. Ehrlich gesagt ist es schwierig, gegen knackige Geschichten anzukommen.

Ein Teil der Erklärung könnte auch sein, dass wir Menschen „mentale Modelle“ von einzelnen Abläufen in der Wirklichkeit erstellen. Und wenn sich im Nachhinein ein Detail der Geschichte als falsch herausstellt, dann fallen uns Nachjustierungen in unserem mentalen Modell schwer. Am besten illustriert dies folgendes Szenario, das in etlichen Studien geschildert wurde: In einem Lagerhaus brach Feuer aus. Der Anfangsverdacht ist, dass Gaszylinder und Ölfarben den Brand auslösten, die fahrlässig in einer Abstellkammer gelagert wurden. Jedoch stellte sich später heraus: Die Abstellkammer war leer, auf dem Gelände gab es gar keine Gaszylinder und Ölfarben.

Das Problem ist: Selbst wenn Menschen die Korrektur mitbekommen, dass nämlich gar keine Gaszylinder und Ölfarben vor Ort waren, und selbst wenn sie dies an sich verstehen und für wahr halten, wirkt die Richtigstellung nur begrenzt. Werden Leute dann wieder auf den Vorfall angesprochen, beziehen sich viele erneut auf die Gaszylinder und Ölfarben als Ursache des Brandes – obwohl das Gerücht längst aus dem Weg geräumt sein sollte.[126] In der Forschung nennt man das den „continued influence effect“ von Fehlinformation, dass eben falsche Meldungen selbst nach ihrer Richtigstellung noch wirken können. Eine Erklärung für diesen Umstand ist das bereits erwähnte „mentale Modell“. Demnach speichert man diese Geschichte so ab, dass Faktor A (jemand war fahrlässig) zu Faktor B führte (falsch gelagerten Gaszylinder und Ölfarben), und das in Kombination mit Faktor C (beispielsweise irgendein elektrischer Fehler) dann das Ereignis auslöste (den Brand). Der Kognitionswissenschaftler John Cook erklärt dazu: „Wenn man aber Menschen sagt, Faktor B ist falsch, dann haben sie eine Lücke in ihrem mentalen Modell. Menschen mögen solche Unvollständigkeit nicht, sie ziehen ein vollständigeres Modell dem vor.“ Und das könnte ein Grund dafür sein, warum dann trotzdem die falsche Information gedanklich wieder durchsickert – und warum die pure Information darüber, dass etwas falsch ist, eher schlecht in Erinnerung bleibt.

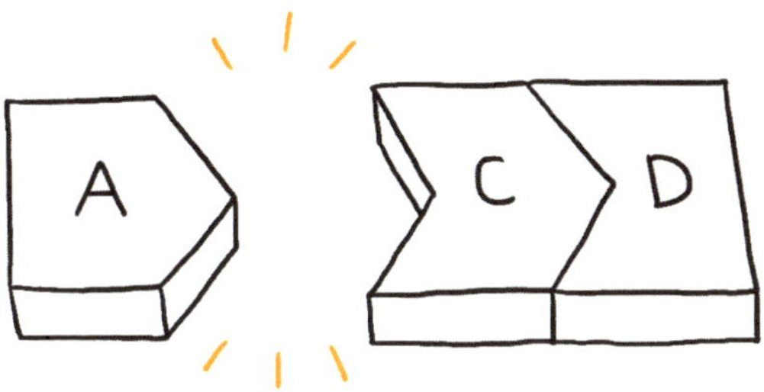

Hier gibt es folgenden Vorschlag: Bieten Sie eine alternative Erklärung, die den falschen Baustein ersetzt! Zum Beispiel lieferten die Forschenden eine alternative Erklärung, wie es zum Brand kam. Die Teilnehmenden der Studie bekamen die Information: „Es gab keine Gaszylinder und Ölfarben, aber gefunden wurden Materialien für Brandstiftung."[127] Und diese alternative Erklärung wirkte deutlich besser.

Wenn Sie also wissen, warum etwas in Wirklichkeit passierte, oder warum eine Falschmeldung überhaupt aufkam, erklären Sie das. Ich habe ja von der Verschwörungserzählung der Chemtrails berichtet, wonach Flugzeuge insgeheim Gift versprühen würden. Dazu kursieren irreführende Fotos: Man sieht zum Beispiel eine Maschine, an deren Unterseite Düsen angebracht sind. Es wird angedeutet: Dieses Flugzeug hat unterhalb des Laderaums Düsen angebracht (Faktor A), um Gift versprühen zu können (Faktor B), um Menschen zu schaden (Chemtrails-Mythos). Aber diese Behauptung ist Unsinn. Das Foto ist zwar echt, wurde aber aus dem Kontext gerissen. Der wahre Hintergrund: Dieses Flugzeug hat unterhalb des Laderaums Düsen angebracht (Faktor A), weil es Wasser versprüht (Faktor B), um Waldbrände zu löschen (realer Grund).[128]

Es gibt natürlich eine große Schwachstelle beim Lösungsansatz der „mentalen Modelle": Nicht in jedem Fall lässt sich der wahre Hintergrund eruieren, nicht immer haben wir diese Gewissheit. Die Realität ist: Oft bleiben Fragen offen. Aber in jenen Fällen, bei denen Sie den realen Grund kennen, sollten Sie das unbedingt sagen. Ich habe selbst den Eindruck: Wenn ein Faktencheck einen Aha-Effekt auslöst, also wenn Menschen plötzlich verstehen, was wirklich passierte, dann bleibt ihnen das eher in Erinnerung. Deswegen ist eine kausale Erklärung – wenn sie vorliegt – so überaus wichtig.

Noch einmal: All diese Tipps können nicht garantieren, dass Ihnen zugehört oder geglaubt wird. In vielen Fällen haben jene, die Fakten nicht ganz ernst nehmen oder gar wissentlich Desinformation verbreiten, bessere Karten. Das bessere Argument setzt sich nicht zwangsläufig immer durch, aber zumindest gibt es ein paar Kniffe, ein paar Empfehlungen, die man anwenden kann, um die Chancen ein Stück weit zu verbessern. Und ich bin überzeugt, möglichst viele von uns sollten diese Kniffe und Empfehlungen kennen und weiterverbreiten.

# 4

# Empfehlungen für strategisches Diskutieren

Am einfachsten wäre es, in vielen Situationen aufs Diskutieren zu verzichten: Oft ist es richtig ermüdend oder gar zermürbend, wie viel Falsches kursiert. Viele von uns haben zum Beispiel in der Coronakrise falsche Behauptungen von Bekannten gehört oder derartige Geschichten über soziale Medien weitergeleitet bekommen. Manche mussten miterleben, wie geliebte Menschen plötzlich selbst solche Vorstellungen von sich gaben. Aber auch schon vor der Pandemie ließ sich die Anziehungskraft von Desinformation beobachten – ich erinnere nur an all die Falschmeldungen über geflüchtete Menschen oder an die oft hitzig geführte Debatte zur Klimakrise, in der auch Falschmeldungen über die Aktivistin Greta Thunberg kursieren. Je mehr ein Thema zum Reizthema wird oder je mehr wir uns als Gesellschaft in einer emotionalen Ausnahmesituation befinden, desto mehr bietet dies einen Nährboden, auf dem Gerüchte, falsche Anschuldigungen bis hin zu krassen Verschwörungserzählungen gedeihen können. In solchen

Situationen fühlt man sich schnell überfordert: Was kann ich schon dagegen tun? Bringt es überhaupt etwas, wenn ich mich als Einzelne oder Einzelner zu Wort melde?

Die Antwort ist: Es bringt sogar sehr viel. Falschmeldungen und auch Verschwörungserzählungen sind davon abhängig, dass sie von möglichst vielen Menschen geglaubt und weitererzählt werden, daher können wir alle versuchen, diese Verbreitung zu erschweren. Jede und jeder von uns kann im eigenen Umfeld Aufklärung leisten, Fakten sichtbarer machen, auch die Familie oder Bekannte warnen, wenn etwas Falsches gerade stark zirkuliert. Natürlich bedeutet dies nicht, dass Sie oder ich das Problem der Desinformation oder der Verbreitung von Verschwörungserzählungen lösen können, das wäre zu viel verlangt; es geht auch nicht darum, seine gesamte Freizeit ab nun mit dem Kontern von Falschheiten oder Spekulation zu verbringen, auch das wäre zu viel verlangt. Jedoch glaube ich, dass es durchaus möglich ist, auch selbst ab und zu einen kleinen Beitrag zur sachlichen Auseinandersetzung zu leisten.

Wofür ich plädiere, ist eine strategische Form des Diskutierens, bei der man sich genau überlegt: In welchen Fällen ist es für mich sinnvoll zu diskutieren? So kann es sein, dass einem ein Thema (zum Beispiel Klimakrise, Migration, Gesundheit) so wichtig ist, dass man hier immer wieder die Fakten unterstreichen möchte. Oder aber man hat Menschen im eigenen Umfeld, die nachweisbar Falsches glauben, die wissenschaftliche Erkenntnisse abstreiten oder für Rhetorik von Verschwörungserzählungen sehr empfänglich sind und die man deshalb besser erreichen möchte. Es kann viele gute Gründe geben, für die es sich zu diskutieren lohnt. Generell halte ich es für wichtig, dass wir sowohl in unserem Umfeld als auch in der Gesellschaft weiterhin das Gespräch miteinander suchen. Wenn man also einen kleinen Beitrag leisten will, kann man für sich selbst strategisch überlegen: Bei welchen Themen ist es mir die Zeit und die Energie wert, dass ich mich zu Wort melde? Welche Taktik verfolge ich im Gespräch – was ist mein Ziel, das ich erreichen möchte? Es gibt ein paar Leitlinien, die einem Orientierung geben können, wo und wie man diskutiert, und diese werde ich im Folgenden beschreiben:

**TIPP**

Überlegen Sie: Wie sehr ist die Person von ihrem Standpunkt überzeugt?

Wenn Sie mit jemandem diskutieren, der oder die etwas Falsches oder Spekulatives von sich gibt, lautet die erste zentrale Frage: Wie sehr ist die Person davon überzeugt? Nicht in jedem Fall sind Menschen komplett eingenommen von einer Falschmeldung, sie finden vielleicht, diese klingt interessant, oder sie passt gut zu ihrer Erwartungshaltung. Oft werden unseriöse Behauptungen weitergeleitet, weil Leute ihrem Umfeld etwas Gutes tun wollen. Der Impuls ist: „Das ist eine brisante/wichtige/hilfreiche Neuigkeit, das sollte ich sofort weitererzählen." Wenn jemand nicht gänzlich von einer Idee überzeugt ist, kann man hier noch leichter kontern – und das sollte man auch tun, um zu verhindern, dass die Person tiefer und tiefer in solche Vorstellungswelten eintaucht. Eine Ärztin aus Berlin erzählte mir beispielsweise von ihrem Vater, der Mitte sechzig ist: „Als das Coronavirus zum Thema wurde, hat er meinem Bruder und mir immer wieder Falschmeldungen weitergeleitet. Zum Beispiel die Behauptung, Wassertrinken hilft gegen das Coronavirus. Der Hintergrund ist, dass er selbst Angst um seine Gesundheit hat. Und dass er meinen Bruder und mich schützen möchte. Ich musste mich da wirklich zurückhalten, nicht zu schreiben: ‚Oh mein Gott, was glaubst du plötzlich alles?' Mein Vater ist eigentlich ein total vernünftiger Mensch, aber bei diesen Gesundheitsthemen merke ich, dass er von einer Hoffnung getrieben wird, etwas könnte gegen das Coronavirus wirken." Seit Monaten leitet ihr Vater nun solche spektakulär klingenden Artikel via E-Mail oder WhatsApp weiter. Die Ärztin erzählte weiter: „Ich versuche dann einzuordnen, warum das keinen Sinn ergibt. Zum Beispiel der Vorschlag, dass man Wasser trinken solle gegen das Coronavirus. Grundsätzlich ist Wassertrinken gesund, nur beeinflusst Wassertrinken nicht, wie sich ein Virus im Körper verbreitet. Das erkläre ich ihm dann auch. Dadurch geht nicht weg, dass er Angst um seine Gesundheit hat. Aber er vertraut mir schon, wenn ich solche Falschmeldungen erkläre. Er weiß ja, ich will ihm nur Gutes."

Was die Ärztin aus Berlin erzählt, passt zu einigen Aspekten, die ich bereits angesprochen habe: Man sollte nicht glauben, dass man einmal eine Fehlinformation kontert und damit ist die Sache erledigt. Wenn Menschen verunsichert sind, wenn sie auch nicht intensiv darauf achten, ob eine Information aus einer seriösen Quelle stammt, kann es sein, dass sie wiederholt mit Falschmeldungen in Kontakt kommen und diese verbreiten. Die Angehörigen treten hier wie eine Feuerwehr auf, die immer wieder ausrücken muss, um solche Desinformations-Brände zu löschen. Das kann anstrengend für die Familie sein, ist aber wichtig: Weil sonst die Gefahr besteht, dass jemand mit sehr vielen Unwahrheiten in Kontakt kommt, dies nicht bemerkt, und dann beispielsweise problematische Gesundheitstipps befolgt. Auch die Ärztin versucht, immer wieder mit ihrem Vater über solche Themen zu sprechen: „Ich habe meinem Vater gesagt, ich finde es super, dass er mir das immer schickt. Weil ich möchte darauf reagieren können. Ich denke: Gerade bei Falschinformation kann man vieles auch in der Familie aufklären. Weil wir lieben diese Menschen ja. Wer soll das tun, wenn nicht wir?“

Es ist wichtig zu berücksichtigen, wie sehr jemand von einer falschen Behauptung überzeugt ist. Natürlich gibt es Fälle, bei denen Menschen falsche oder unbelegte Erzählungen schon tief in ihr Denken aufgenommen haben. Da werden Sie vermutlich größere Schwierigkeiten haben, die Person argumentativ zu erreichen. In manchen Fällen passiert Umdenken auch dann nicht, wenn Sie eloquent und einfühlsam diskutieren. Umdenken kann ein langsamer Prozess sein – etwa bei Anja Sanchez Mengeler, von der ich im ersten Kapitel erzählt habe: Sie erklärte, dass mehrere Aspekte dazu führten, in ihr Zweifel zu wecken und schließlich die Verschwörungsszene zu verlassen. Eine Rolle spielte auch ihre Familie, etwa ihr Mann, ihre Schwester. Letztere brachte durchaus Fragen ein, sie war aber auch darauf bedacht, den Kontakt nicht abreißen zu lassen, wie Frau

Sanchez Mengeler erzählte: „Wir haben dann aber auch den ganzen lieben langen Tag viele andere Themen gehabt, sie hat unsere Bindung weitergeführt, so nach dem Motto: ‚Ich lass dich nicht fallen, du bist mir wichtig.'"

Diese Erfahrung verdeutlicht: Wenn man jemanden erreichen will, der oder die an Verschwörungsmythen glaubt, ist es wichtig, eine wertschätzende Gesprächsebene zu bewahren. Nur einfach ist das in vielen Fällen nicht: Weil Verschwörungsgläubige ja häufig auch problematische Vorstellungen wiedergeben. Sie stellen oft wissenschaftliche Ergebnisse infrage, werfen anderen bösartige Aktivitäten vor – das reicht bis hin zu antisemitischen Verschwörungserzählungen oder demokratiefeindlichen Anschuldigungen wie jener, nach der alle Wahlen längst gefälscht seien. Es stellt einen schwierigen Spagat für Angehörige dar, einerseits beispielsweise antisemitische oder andere problematische Äußerungen zu benennen und zu dekonstruieren, aber andererseits eine wertschätzende, empathische Ebene zu bewahren.

Wenn jemand, der oder die für Sie sehr wichtig ist, zum Verschwörungsdenken neigt, suchen Sie lieber früher als später die Hilfe von Fachleuten. Es gibt Beratungseinrichtungen, die anonym und kostenlos auch dem Umfeld von Verschwörungsgläubigen zur Seite stehen. In Baden-Württemberg tut dies zum Beispiel der Verein Zebra, der übrigens online eine hilfreiche Checkliste veröffentlicht hat, woran man erkennen kann, dass eine Person Verschwörungserzählungen anhängt.[129] Die Leiterin dieser Beratungseinrichtung, Sarah Pohl, erzählte mir: „Oft wird uns auch die Frage gestellt: Soll ich den Kontakt abbrechen? Wenn einem die Person wichtig ist, raten wir in vielen Fällen, weiterhin den Kontakt zu halten – denn wenn immer mehr Menschen sich abwenden, besteht die Gefahr, dass eine Person gar kein Korrektiv mehr hat, und dass sie sich dann hauptsächlich mit jenen austauscht, die sie in dieser Denkweise antreiben.“ Ehe man völlig den Kontakt abbricht, lässt sich auch über eine Kontaktreduzierung nachdenken, oder dass man eine andere Modalität des Diskutierens sucht, meint Pohl: „Etwa, dass man sagt: Ich diskutiere über das Thema, aber vor allem über die Gefühle: Warum ist dir das wichtig? Wieso beschäftigst du dich so stark damit? Also dass man weggeht von der Faktenebene, und eher auf die Bedürfnisebene blickt, was zieht die Person aus solchen Vorstellungen?“ Pohl empfiehlt, Beratung aufzusuchen, wenn Eskalationsstufen erreicht werden – wenn man kurz vor dem Kontaktabbruch steht, wenn Diskussionen ständig laut werden oder wenn die Person eine Radikalisierung aufweist, zum Beispiel ihre Lebensführung aufgrund von Verschwörungserzählung zunehmend ändert. In solchen Fällen sind Beratungsstellen wie beispielsweise Zebra in Baden-Württemberg (www.zebra-bw.de), die Sekten-Info Nordrhein-Westfalen (sekten-info-nrw.de) oder die Sekten-Info Berlin (bit.ly/SektenInfo-Berlin) erreichbar. In Österreich kann man sich an die Bundesstelle für Sektenfragen wenden – die ebenfalls wichtige Beratung zu Verschwörungserzählungen und pseudomedizinischen Angeboten bietet (bundesstelle-sektenfragen.at).[130]

### TIPP

Setzen Sie sich realistische Ziele

Dies führt zu einer bedeutenden Frage: Welches Ziel verfolgen Sie beim Diskutieren? Wir neigen dazu, uns hohe Ziele zu setzen. Man debattiert häufig in der Hoffnung, die andere Person überzeugen zu können – aber gerade, wenn das Gegenüber die Welt grundlegend anders sieht oder Falsches oder gar Verschwörungserzählungen schon sehr tief im Denken verinnerlicht hat, wird das schwierig. In solchen Fällen rate ich: Überlegen Sie sich, was realistischere Ziele sein können als jenes, Ihr Gegenüber gänzlich von Ihrer Meinung zu überzeugen.

Wie gerade erwähnt, kann es ein Ziel sein, nicht rein argumentativ bei der inhaltlichen Behauptung anzusetzen, sondern dahinterliegende Emotionen zu berücksichtigen. Gerade in Phasen großer Verunsicherung sind Menschen eher anfällig für Verschwörungsmythen. Da stellt sich die Frage: Kann man bei der Person dieses Gefühl der Zuversicht, dass sie eine schwierige Situation meistern können wird, stärken? Hier geht es also weniger um die Verschwörungserzählung an sich, als um die Überlegung, ob es die Chance gibt, jemandem Mut zu machen.

Wenn Sie inhaltlich diskutieren wollen, können Sie sich auch realistischere Etappenziele setzen. Eine Schwierigkeit beim Austausch ist, dass Verschwörungsgläubige gern das Thema wechseln und somit argumentativ ausweichen, bevor sie auf Lücken oder Logikfehler in der eigenen Argumentation stoßen. Ein Ziel kann daher sein, mit der Person ein Gespräch zu führen und dabei zu vermeiden, eine Vielzahl unterschiedlicher Verschwörungserzählungen zu debattieren. Sie können zum Beispiel gezielt die Taktik des Nachfragens anwenden – und immer wieder mit Fragen auf das eigentliche Thema zurücklenken: „Du hast doch gesagt, Bill Gates will XYZ – wie meinst du das? Warum will er das? Wo hast du das gelesen?“ Das mag auf den ersten Blick nach einem unspektakulären Ziel klingen, aber das ist es nicht: Es kann tatsächlich schon ein Erfolg sein, einmal ein Thema gemeinsam gründlicher zu beleuchten – und Ungereimtheiten zumindest angesprochen zu haben.

Notfalls kann eine Zielsetzung sein, dass man gewisse rote Linien absteckt: Ich habe beispielsweise von einem jungen Vater erzählt, dessen Mutter dem

Verschwörungsmythos von QAnon glaubt. Sie ist der Ansicht, dass in österreichischen Tunneln Kinder gefangen gehalten und misshandelt würden. Der Vater erzählte mir auch: „Sie lehnt es außerdem ab, eine Maske zu tragen. Und sie hat einmal vor meinen Zwillingen zu schreien begonnen. Sie hat gesagt, sie geht lieber ins Gefängnis, als eine Maske zu tragen. Das hat meine fünfjährigen Zwillinge total aufgewühlt. Die konnten gar nicht schlafen, weil sie Angst hatten, die Oma wird verhaftet. Das war der Moment, wo ich klar sagte: ‚Das kannst du nicht machen. Du kannst nicht den Kindern Angst einjagen.' Und ich glaube, das hat sie zumindest gehört." Auf ein Mindestmaß an rücksichtsvollem Umgang zu bestehen oder deutliche Grenzen aufzuzeigen, kann in solchen Situationen ein Ziel sein. Ich spreche hier nun wirklich schon sehr tiefgesteckte Ziele an, also dass man Mindeststandards beim Diskutieren festlegt: Aber je nachdem, wie Ihr Gegenüber die Welt sieht, oder wie aufgebracht jemand aufgrund von Falschmeldungen oder Verschwörungserzählungen ist, ist es leider notwendig, die eigenen Ziele beim Diskutieren anzupassen.

Letzten Endes muss es aber gar nicht immer darum gehen, eine bereits zirkulierende spekulative oder falsche Meldung auszuräumen. Es ist nicht nur möglich, im Nachhinein aktiv zu werden. Ein Ziel kann auch sein, im Vorfeld schon über Desinformation aufzuklären und die Familie oder Bekannte für solche Gefahren zu sensibilisieren. Der Zugang der Inokulation ermöglicht es ja, dass man Menschen unfaire rhetorische Taktiken oder logische Fehlschlüsse in einem Themengebiet verständlich macht – und diese können diese

Methoden dann auch eher in anderen Situationen enttarnen. Kommen Ihnen gute Beispiele unter, an denen man Cherrypicking, voreiliges Schlussfolgern, Fake Experts et cetera erkennen kann, könnte ein Ziel sein, dass Sie solche Tricks in Ihrem Umfeld ansprechen. Sie können auch Artikel oder Videos posten, in denen solche Argumentationsstile erklärt werden. Ich persönlich finde eines der spannendsten Ziele: Wie kann man möglichst vielen Menschen die Methoden verständlich machen, mit denen Desinformation, Halbwahrheiten oder auch Verschwörungsmythen überzeugender verpackt werden, als sie wirklich sind? Das ist letztlich der Grund, warum ich solche Bücher schreibe, weil das meine Strategie hierzu ist. Also: Sie müssen nicht immer Falschheiten hinterherhecheln, Sie können auch im Vorfeld zum besseren Wissen über solche Themen inklusive Medienkompetenz beitragen.

### TIPP

Überlegen Sie sich: Wo ist Ihre Zeit gut investiert?

Beim Diskutieren stellt sich grundsätzlich die Frage, für wen Sie sich hier gerade zu Wort melden. Manchmal geht es gar nicht in erster Linie um das Gegenüber, sondern um die anderen Anwesenden. Wenn beim Familienfest der unverbesserliche Onkel wilde Spekulationen über 5G und das Coronavirus verbreitet, widerspricht man womöglich – allerdings nicht in der Hoffnung, dass dies den Standpunkt des Onkels verändern würde, sondern damit der restliche

Teil der Familie versteht, warum seine Aussagen Unsinn sind. Dieses öffentliche Widersprechen ist etwas, das besonders in sozialen Medien eine Rolle spielt: Viele Menschen haben mittlerweile erlebt, dass sie über WhatsApp-Gruppen haarsträubende Behauptungen mitlesen konnten, oder man bekommt im Newsfeed auf Facebook die wildesten Gerüchte mit. Hier stellt sich für uns alle die Frage: Soll ich etwas dagegen sagen? Und: Bringt das überhaupt etwas, wenn ich mich hier zu Wort melde?

Schauen wir uns kurz an, was die Forschung dazu zutage gebracht hat: Die Kommunikationswissenschaftlerinnen Emily K. Vraga und Leticia Bode führten zu genau dieser Fragestellung Experimente durch. Zum Beispiel testeten sie, ob Widerspruch auf Facebook etwas bewirkt. Es ging um Verschwörungserzählungen rund um das Zika-Virus (das vor ein paar Jahren in Brasilien stark zirkulierte). Dazu wurde auf Facebook eine falsche Behauptung verbreitet, und zwei Facebook-Nutzende widersprachen dem: Wirkungsvoll war diese Korrektur, wenn die Personen bei ihrer Entgegnung auch eine Quelle anführten – und man dabei zu einem Faktencheck geführt wurde.[131] Diese Ergebnisse legen nahe: Selbst wenn Fremde auf Social Media eine Fehlinformation aufzeigen, kann das bei Mitlesenden eine positive Wirkung entfalten. Im Experiment war es jedoch so, dass es zwei Personen sein mussten, die solche Entgegnungen einbrachten. Daraus lässt sich schließen: Es ist gut, wenn Menschen auf Faktenchecks hinweisen, und wenn Sie sehen, dass jemand anders das auch schon getan hat – umso besser.[132] Posten Sie ruhig selbst noch eine weitere Richtigstellung. Auch Fakten sollen wiederholt werden!

Die Wissenschaftlerinnen Vraga und Bode verwenden den Slogan: „See something, say something." Also: Wenn man etwas Falsches in sozialen Medien sieht, soll man ruhig etwas dazu sagen.

Ich stimme dem zu – ich würde aus Zeitgründen allerdings etwas Zusätzliches raten. Wenn Sie in sozialen Medien auf Fakten hinweisen, zum Beispiel Links zu Faktencheck-Seiten posten wollen, sollten Sie sich vorab überlegen: Wie viel Zeit bin ich bereit, dafür zu investieren? Und: Welche Ziele verfolge ich damit? Vielleicht wollen Sie Inokulation bei Ihren Bekannten auf Facebook betreiben. Ein anderes Ziel könnte sein, dass Sie einen spezifischen Typus von Falschmeldungen aus dem Weg räumen wollen: antisemitische Erzählungen, Gerüchte über geflüchtete Menschen, antifeministische Verschwörungserzählungen, Falschmeldungen über die Klimakrise, Impfmythen ... Ich könnte hier noch viel mehr Punkte aufzählen, bei denen es sich meines Erachtens lohnt, dagegenzuhalten – der springende Punkt ist: Wenn Sie ein Ziel vor Augen haben, können Sie auch überlegen, wie Sie dieses Ziel am effizientesten verfolgen. Zum Beispiel passiert es mitunter, dass Menschen mit guter Absicht die Facebook-Gruppen von Verschwörungsgläubigen aufrufen und dort versuchen, dagegenzuhalten. Die Gefahr ist, dass man viel Zeit und Nerven investiert, aber wenig bewirkt. Denn die Chance ist hoch, dass sich in solchen Gruppen nahezu ausschließlich Personen befinden, die bereits eine fixe Meinung haben.

Das Gleiche trifft übrigens auf den politischen Kontext zu: Es passiert immer wieder, dass AfD-kritische Menschen sich über Provokationen dieser rechtspopulistischen Partei aufregen und dann auf den AfD-eigenen Kanälen darüber zu diskutieren beginnen. Ich möchte davon abraten. Weil Sie erstens im Setting voller AfD-Fans wenig Chancen haben, etwas zu bewirken; weil die Partei Ihre Kommentare jederzeit löschen kann und weil man schlimmstenfalls auch noch die Reichweite solcher provokanten Postings erhöht, wenn man diese vielfach kommentiert. Der Algorithmus von sozialen Medien belohnt ja die sogenannte Interaktion. Deswegen würde ich generell empfehlen: Diskutieren Sie an Orten, an denen ein heterogenes Publikum anzutreffen ist, zum Beispiel auf den Seiten etablierter Nachrichtenhäuser.

Übrigens: Wem diese Form der digitalen Zivilcourage gefällt, der oder dem sei auch der Verein #ichbinhier empfohlen. In der gleichnamigen Facebook-Gruppe finden sich Menschen zusammen, die gegen Hass und Hetze posten – und oftmals verteidigen sie auch Personen, die Opfer von Verschwörungserzählungen oder Falschmeldungen wurden.

Es gibt also sehr viele Methoden, wie man einen positiven Beitrag leisten kann – auch abhängig von der eigenen Zeit, die man maximal investieren will. Wenn Sie sich zum Beispiel vornehmen, einmal pro Woche eine halbe Stunde für ein Thema oder eine Person aufzubringen, die Ihnen wichtig ist, dann können Sie diese halbe Stunde nutzen, um mit Ihrer Tante zu telefonieren, die anfällig für Falschmeldungen ist, oder Sie können auf Facebook Korrekturen von Seiten wie Mimikama.at oder Correctiv.org posten – sodass Menschen vor Verschwörungserzählungen gewarnt sind. Wenn man das will, glaube ich zumindest, kann jede und jeder einen Beitrag leisten.

## TIPP

**Ziehen Sie enge Grenzen, worüber Sie sich austauschen**

Noch eine Empfehlung, um zeitschonend zu debattieren: Manche neigen in Diskussionen zur „Zulaber"-Taktik: Diese Personen posten nicht einfach eine einzelne Behauptung, sondern sie reihen vier, fünf, sechs Behauptungen in einem Posting aneinander. Das wirkt im ersten Moment so, als wüsste jemand viel über ein Thema – aber der Eindruck kann täuschen. Beim Entgegnen fühlt man sich dann schnell von der Zulaber-Taktik zugetextet. Es würde oft zu viel Zeit kosten, alle sechs Aussagen zu überprüfen.

Was können Sie in so einem Fall tun? Greifen Sie exemplarisch eine Behauptung heraus. Fragen Sie: „Auf welche Quelle beziehst du dich da?“ Oder posten Sie den Faktencheck dazu. Sie können beispielhaft eine Behauptung überprüfen und aufzeigen, ob hier verkürzt argumentiert wurde. In solchen Fällen wird dann häufig auch eine andere Taktik eingesetzt, die ich schon erwähnt habe: Wenn jemandem die Argumente ausgehen, kann es sein, dass die Person einen Themensprung macht. Zuerst verbreitet sie Falschmeldung, wonach ein Kind aufgrund des Tragens einer Maske gestorben wäre. Nachdem man das widerlegt hat, ist plötzlich die Rede von Bill Gates dunklen Plänen.

In diesem Fall wird die Taktik des Themen-Hopping angewandt – und genau das lässt sich benennen. Man kann sagen: „Moment, du hast gerade eine Falschmeldung gebracht, wonach ein Kind angeblich wegen der Maske gestorben sei. Ich habe erklärt, warum dies falsch ist. Prompt wechselt du das Thema, jetzt fängst du an, über Bill Gates zu sprechen. Das nennt man Themen-Hopping, was du betreibst: Statt auf ein Thema wirklich einzugehen und auf Gegenargumente zu antworten, wirfst du ständig neue Behauptungen ein. So fällt es mir sehr schwer, mit dir zu diskutieren.“ Dieses sachliche Aufzeigen unfairer Diskussionsstile ist vor allem eine Methode, um Mithörenden oder Mitlesenden aufzuzeigen, was gerade passiert. Übrigens: Sie müssen nicht auf jede Antwort eingehen. Wenn Sie in Diskussionen in WhatsApp-Gruppen oder öffentlichen Debatten immer das letzte Wort haben möchten, dann werden Sie extrem viel Zeit mit Geplänkel vergeuden. Manchmal ist es sinnvoller, sich einfach kurz zu Wort zu melden und zu erklären, was

gegen eine Behauptung spricht, oder den genauen Faktencheck zu posten. Das Ziel ist ja in vielen Fällen lediglich, den Mitlesenden die realen Infos aufzuzeigen.

Ich glaube wirklich: Diskutieren ist weniger mühsam, wenn man sich strategisch Ziele setzt, wenn man sich sehr klar überlegt, für wen man eigentlich diskutiert, und dabei auch auf die eigene Zeit achtet. Das Mühsame an Desinformation ist, dass sie uns alle viel Zeit und Nerven kosten kann. Mir erscheint es durchaus sinnvoll, Falsches zu kontern, aber nicht aus den Augen zu lassen, womit man sich sonst eigentlich beschäftigen wollte.

Ein Zugang im Umgang mit Falschmeldungen und Verschwörungstheorien kann deshalb auch sein, manchmal gezielt nicht nur auf das zu starren, was falsch oder spekulativ ist, sondern umso mehr den richtigen Informationen Raum zu geben, dem eigenen Umfeld hochwertige Publikationen zu empfehlen, Wissenschafts-Podcasts zu teilen oder auf besonders seriöse Stimmen hinzuweisen. Die Youtuberin und Chemikerin Mai Thi Nguyen-Kim ist für mich so jemand, die in der Corona-Debatte oft mit wohlüberlegten, einordnenden Videos auffiel. Oder der Wissenschaftsjournalist Lars Fischer, der auf spektrum.de publiziert. Manchmal, wenn mich selbst frustriert, wie unsachlich über ein Thema diskutiert wird oder wie sehr Provokationen mit Reichweite belohnt werden, überlege ich: Wem könnte ich stattdessen meine Aufmerksamkeit schenken und wen könnte ich anderen als Quelle empfehlen? Welche Einrichtung oder welche Person tritt mit wohlüberlegten, gut fundierten Argumenten in der Debatte auf? Eine der wichtigsten Techniken erscheint mir, seriösen Stimmen möglichst viel Gehör zu verschaffen.

Es gibt nicht das eine Wundermittel, mit dem wir gegen Desinformation und irreführende Behauptungen ankommen. Es gibt aber ein paar Kniffe, wie man diese logisch etwas rascher durchschauen und argumentativ eine Spur effizienter kontern kann. Und womöglich besteht eine simple Erkenntnis bereits darin, dass wir grundlegend jenen besser zuhören sollten, die uns keine Wundermittel versprechen, uns keine Gewissheit in Aussicht stellen, sondern im Gegenteil: Dass wir jene Stimmen fördern, die gewillt sind, die Komplexität der Welt mit all ihren schönen und unbehaglichen Seiten anzuerkennen.

BETONEN SIE DAS RICHTIGE

# 5

# Gegen die Selbstüberschätzung – wie man Falschmeldungen und Verschwörungserzählungen entlarvt

Vom Ukrainekrieg über Debatten zur Klimakrise bis hin zum Thema Impfen: Ein Nährboden, auf dem Desinformation gedeihen kann, ist die Selbstüberschätzung. Wer sein Wissen über die Welt überschätzt, wer zum Beispiel keine Grenze zwischen tatsächlicher Expertise und dem eigenen Bauchgefühl zieht, der oder die läuft Gefahr, anfällig zu werden für gedankliche Schnellschüsse, für plausibel anmutende Behauptungen, die einer strengen inhaltlichen Überprüfung nicht standhalten. In der wissenschaftlichen Fachdiskussion gibt es den Begriff der „intellectual humility", auf Deutsch: intellektuelle Bescheidenheit oder auch intellektuelle Demut. Das bedeutet, anzuerkennen, dass es Lücken im eigenen Wissen gibt und die derzeitigen Vorstellungen auch falsch sein könnten.[133] Es gibt

Hinweise, dass diese Form der Bescheidenheit Menschen davor schützen kann, auf Falschmeldungen und Verschwörungserzählungen hineinzufallen.

Die Psychologin Shauna Bowes und der Psychologe Arber Tasimi beobachteten zum Beispiel in einer Untersuchung, dass Menschen mit höherer intellektueller Bescheidenheit seltener Falschinformationen für wahr hielten und seltener verschwörungsaffine Vorstellungen hatten.[134] Auch scheinen sie Expertise als solche eher wertzuschätzen: Der Psychologe Henri C. Santos führte mit Kolleg*innen Studien durch, in denen die Teilnehmenden Artikel über Krankheiten wie Krebs oder Covid-19 angezeigt bekamen. Die Proband*innen mussten entscheiden, von welcher Quelle sie Texte zu dem Thema lesen wollten. Die gute Nachricht ist, dass sie häufiger Quellen mit medizinischer Expertise wählten – an der Spitze lagen Artikel, die von medizinischen Fachgesellschaften stammen. Besonders selten fiel die Wahl hingegen auf einen Artikel, in dem die Schauspielerin Gwyneth Paltrow über das Thema sprach. Bemerkenswert war, dass Personen mit höherer intellektueller Bescheidenheit positiv auffielen.[135] „Bei ihnen gab es eine höhere Wahrscheinlichkeit, dass sie Quellen mit Expertise auswählten", erklärt Henri C. Santos, der am Geisingers Steele Institute for Health Innovation in Pennsylvania forscht. Über intellektuelle Bescheidenheit sagte er zu mir: „Es bedeutet nicht, sich selbst niederzumachen oder nicht genug in die eigene Expertise zu vertrauen. Aber es bedeutet auch, nicht zu übertreiben, was man weiß, oder zu glauben, dass man mehr weiß."

Viele Falschmeldungen oder Verschwörungserzählungen werden auch deshalb für wahr gehalten, weil Menschen ihr eigenes Verständnis der Welt überschätzen und die Expertise anderer unterschätzen. Sehr anschaulich hat mir davon der frühere Verschwörungsgläubige Gerald erzählt. Er ist Anfang 40, Informatiker, ein kluger Kerl, der aber in seiner Jugend von Verschwörungserzählungen eingenommen war. „Begonnen hat es mit einem Buch, das mir ein früherer Schulkollege, zu dem ich sehr aufgeschaut habe, in die Hand gedrückt hat. Es hieß ‚Zeit für die Wahrheit' und darin wurde behauptet: Die ganze Wissenschaft liegt falsch, die Physik hat unrecht. Ich glaube, für mich war es eine Grundsatzentscheidung: Setze ich ganz auf dieses Pferd oder nicht? Also entweder bleibe ich bei meinem bestehenden Weltbild. Darin fühle ich mich klein, unwichtig. Man will, dass ich arbeiten gehe, Steuern zahle – das klingt langweilig. Oder ich wende mich diesem anderen Weltbild zu, das sich besser anfühlt. Hier hatte ich das Gefühl, ich habe etwas verstanden. Es war wirklich eine bewusste Entscheidung, diese Theorien zu glauben: Ich habe auf dieses Pferd gesetzt, und wenn man einmal auf ein Pferd gesetzt hat, dann bleibt man dabei."

In Geralds Beispiel spiegelt sich etwas wider, was ich schon mehrfach in diesem Buch erwähnt habe: Viele Falschmeldungen und gerade auch Verschwörungserzählungen sind auf einer emotionalen Ebene interessant. Sie bestätigen häufig bereits existierende Vorstellungen oder geben Menschen den Eindruck, sie würden über Geheimwissen verfügen – und somit dem Rest der Menschheit ein Stück weit voraus sein. Es gab viele Momente, die Gerald wieder zum Zweifeln brachten: der Arbeitskollege, der freundlich und neugierig Fragen stellte; ein Streit mit seiner damaligen

Clique, der dazu führte, dass er die dort zirkulierenden Ideen kritischer inspizierte. Schließlich war er sich nicht mehr so sicher, ob er wirklich über Geheimwissen verfügte. Zum Beispiel hatte ihn die Behauptung fasziniert, dass man Autos nur mit Wasser (also: $H_2O$) betreiben könne, dieses Wissen aber unterdrückt würde. Gerald erzählte mir: „Ich kam dann zu dem Punkt, an dem ich mich fragte: Was ist, wenn das jetzt alles Schwachsinn war, was ich da gelesen habe? Und ich habe angefangen zu recherchieren: Wie funktioniert Wissenschaft eigentlich, wie kommt sie zu ihren Erkenntnissen? Da habe ich gemerkt: Die sind ja gar nicht alle blöd, die sind keine Idioten. Das musste bei mir aber erst einmal sickern."

Gerald erzählt all das, weil er andere Menschen warnen möchte, nicht ebenfalls solche kognitiven Abkürzungen zu nehmen, bei denen man verführerisch klingenden Falschmeldungen gedanklich folgt und dabei permanent bestätigt wird. Heute engagiert er sich sogar darin, Menschen beim Ausstieg aus der Verschwörungsszene zu unterstützen. Gerald ist online unter dem Usernamen „Ascendancer" aktiv und hat auf der Online-Plattform Reddit das Forum „VTbetroffene" für Betroffene von Verschwörungsmythen gegründet. Er hat außerdem einen Verein mitbegründet, der online und offline eine sehr einfühlsame Gesprächstechnik übt, genannt der „Sokratische Weg". Bei dieser Methode wird respektvolles Fragenstellen trainiert, um auch zu schwierigen Themen konstruktive Gespräche führen zu können und eventuell sogar einen Nachdenkprozess anzuregen.

Die „intellectual humility" ist ein hilfreicher Begriff, denn sie umfasst in einer breiteren Definition auch die Bereitschaft, notfalls die eigene Sichtweise zu revidieren, wenn zu viele ihr widersprechende Fakten auftauchen.[136]

Dies ist übrigens auch einer der grundlegenden Unterschiede zwischen wissenschaftlichem Denken und Verschwörungsglauben: Während sich Verschwörungserzählungen dadurch auszeichnen, dass sie Fakten, die der Erzählung widersprechen, leugnen oder als Beleg für die Raffinesse der angeblichen Verschwörung uminterpretieren, bedeutet wissenschaftliches Denken, sich von einer Theorie auch wieder zu verabschieden, wenn sich Erkenntnisse anhäufen, die ihr zuwiderlaufen. Einzugestehen, dass man sich geirrt hat, fällt uns Menschen allerdings oft schwer – das gilt nicht nur für Verschwörungsgläubige. Gerald hat die bemerkenswerte Formulierung gewählt: „Es war wirklich eine bewusste Entscheidung, diese Theorien zu glauben: Ich habe auf dieses Pferd gesetzt, und wenn man einmal auf ein Pferd gesetzt hat, dann bleibt man dabei."

Der Begriff der „sunk cost fallacy" passt hierzu: Von einer Sache, in die wir schon viel Zeit, Engagement oder Geld investiert haben, rücken wir ungern ab, auch wenn sich bereits herausgestellt hat, dass sie für uns nachteilig ist. Verschwörungsgläubige sind hier eigentlich nur die Spitze des Eisbergs. Viele von uns, inklusive mir selbst, kennen das wohl auch selbst vom Diskutieren: Manchmal nimmt man in der Hitze des Wortgefechts eine Position ein und bemerkt noch während des Diskutierens, dass es sich um eine allzu unreflektierte oder gänzlich falsche Sichtweise handelt. Doch obwohl man eigentlich schon ahnt, argumentativ auf das falsche Pferd gesetzt zu haben, ist es schwierig, den Irrtum anzuerkennen, weil es sich wie eine enorme Niederlage anfühlt. Hier ist emotionale Bescheidenheit ein kleiner

Schutzschild: Weil ich freier in meinem Denken bleibe, wenn ich von vornherein die Möglichkeit einräume, dass ich mich irren könnte.[137]

## INTELLEKTUELLE BESCHEIDENHEIT ÜBEN!

Das sagt sich natürlich einfach, aber kann man derartiges Denken auch trainieren? Ist es zum Beispiel möglich, in Schulen intellektuelle Bescheidenheit zu lehren oder als Gesellschaft Situationen zu schaffen, in denen Menschen die Grenzen ihres Wissens hinterfragen – und damit eine Radikalisierung von Standpunkten zu erschweren? Es gibt Indizien, dass das tatsächlich der Fall ist.

Forschende probierten verschiedene Techniken aus: Zum Beispiel wurden US-amerikanische Studierende, die entweder sehr linksliberal oder sehr konservativ eingestellt waren, zu einer Studie eingeladen. Sie mussten über ein politisches Thema diskutieren, das ihnen wichtig ist. Ein Teil von ihnen sollte dieses Thema aber nicht aus der eigenen Sichtweise, sondern aus einer distanzierten Perspektive beleuchten. Konkret: Wie würde das eine Person aus Island bewerten? Diese „Selbst-Distanzierung“ hat in diesen Settings die Wahrscheinlichkeit erhöht, dass sich die Studierenden offener in Bezug auf andere Standpunkte zeigten.[138]

Es gibt auch interessante Forschungsarbeiten, die das Problem der „illusion of explanatory depth“ beleuchten, also aufzeigen, dass wir uns darin täuschen, wie gut wir Dinge erklären können. Damit ist gemeint: Wir haben oft das Gefühl, recht gut zu wissen, wie technische Geräte oder komplexe Abläufe funktionieren – beispielsweise glaubt man vielleicht, dass man weiß, wie die Spülung einer Toilette funktioniert. Aber wenn Menschen konkret darum gebeten werden, die Technik hinter einer Toilettenspülung detailliert zu erklären, dann fällt ihnen womöglich auf: Ups, das weiß ich doch nicht so genau. Solche Momente können eine Chance für intellektuelle Bescheidenheit sein.

Dazu gibt es auch eine wissenschaftliche Untersuchung: In einer Studie mussten Personen angeben, wie hoch sie ihr Wissen über Handelsbeziehungen zwischen den USA und China einschätzen. Danach sollten sie schriftlich erklären, welche ökonomischen Auswirkungen diese Handelsbeziehungen haben. Das detaillierte Nachfragen hatte einen Effekt: Bei den Studienteilnehmenden stieg die Wahrscheinlichkeit, dass sie die Aussagen von Expert*innen eher ernst nahmen und ihre Meinung stärker an dieser Expertise als an laienhaften Stimmen orientierten. Solche Situationen, in denen man die eigene Unwissenheit vor Augen geführt bekommt, können laut diesen Studienergebnissen einen positiven Effekt haben, etwa dass man sich daraufhin stärker von Expertise beeindrucken lässt.[139]

Aktuell stehen wir überdies vor folgendem Problem: Die Suche im Internet kann ein trügerisches Gefühl von Expertise hinterlassen – auch in Feldern, in denen man über kein Fachwissen verfügt. Forschende der Universität Yale beobachteten: Wenn Menschen nach Information im Internet suchten, stieg die Chance, dass sie ihr Wissen auch zu anderen Themen – nach denen sie gar nicht online gesucht hatten – als höher einstuften (verglichen mit

Personen, die keine Internetsuche getätigt hatten). In dieser Untersuchung entstand der Eindruck, dass Menschen nach der Informationssuche im Internet falsch einschätzten, wie viel von ihrem Wissen tatsächlich von ihnen selbst stammt und wie viel aus Quellen im Internet.[140] Derartige Beobachtungen verdeutlichen, wie wichtig es gerade in unserem Internetzeitalter ist, intellektuelle Bescheidenheit zu üben und zu fördern.

Verschiedene Experimente haben hier recht positive Ergebnisse hervorgebracht: Schon das Vorlegen eines Textes, der den Wert von intellektueller Bescheidenheit unterstrich, erhöhte in einer Untersuchung die Wahrscheinlichkeit, dass Menschen sich stärker in ein herausforderndes Thema vertieften.[141] Es handelt sich hier wohlgemerkt um Studien, die kurzfristige Effekte messen konnten, genauer erforscht muss noch werden, ob Interventionen auch das Potenzial haben, intellektuelle Bescheidenheit längerfristig zu fördern.[142] Ansonsten kann ein Zugang sein, Menschen immer wieder auf die Grenzen ihres Wissens hinzuweisen.

Will man nicht auf Falschmeldungen hineinfallen, ist deshalb ein guter erster Tipp:

**TIPP**

Halten Sie sich die eigene Fehlbarkeit vor Augen

Ich werde im folgenden Unterkapitel ein paar handwerkliche Tipps geben, woran man erkennen kann, ob eine Behauptung wirklich stimmt. Die eigene Fehlbarkeit anzuerkennen, auch an sich selbst zu einem gewissen Grad zweifeln zu können, ist Voraussetzung, will man es sich gedanklich nicht zu bequem machen – und damit auch Opfer von verlockenden, aber falschen Erzählungen werden.

Dazu eine Erfahrung von mir selbst, die mich immer wieder demütig stimmt. Ich werde oft gefragt, ob ich selbst schon einmal auf eine Falschmeldung hineingefallen bin. Die Antwort ist Ja. Als im Jahr 2013 die österreichische Satireseite „Die Tagespresse" noch sehr neu war, publizierte sie einen Text, wonach die katholische Kirche gerade ein neues Maskottchen vorgestellt habe, nämlich „Keuschi", das Känguru, das junge Leute ansprechen soll und Keuschheit predigt.[143] Ich habe diese Geschichte für real gehalten und kurz über die katholische Kirche gelacht, weil diese Meldung meine Klischeevorstellungen über die Kirche bestätigte. Rückblickend ist mir das peinlich, auch weil die „Tagespresse" eigentlich leicht erkennbare Satire liefert. Gleichzeitig stellt es aber eine Lektion in intellektueller Demut dar: Für jede und jeden kann es eine passende Falschmeldung geben, und je mehr man sich dessen bewusst ist, desto wahrscheinlicher wird es, dass man im entscheidenden Moment noch einmal kritisch hinschaut. Deshalb der zweite Tipp:

**TIPP**

Vorsicht, wenn man bestätigt wird!

Wie schon in den vorigen Kapiteln erwähnt, nutzen Falschmeldungen den sogenannten „Confirmation Bias" aus. Das

Gefühl, bestätigt zu werden, kann dazu führen, dass man Neuigkeiten unkritisch aufsaugt. Bei mir hat Keuschi, das Känguru, diesen „Bestätigungsfehler“ ausgelöst: Dieser Satiretext bestätigte meine klischeehafte Vorstellung der Kirche und ich habe mich in dem Moment nicht gefragt: Achtung, passt diese Geschichte nicht vielleicht sogar ein wenig zu gut dazu?

Gerade Falschmeldungen sind so konstruiert, dass sie bestehende Einstellungen oder das Wunschdenken eines Teils der Bevölkerung ansprechen. In den letzten Jahren sind beispielsweise viele Falschmeldungen rund um das Klima-Thema aufgekommen, die den Eindruck erwecken: Ihr müsst die Klimakrise nicht ernst nehmen, ihr könnt weiter mit euren Benzin- oder Diesel-Autos fahren, denn der $CO_2$-Ausstoß ist nicht so schlimm! Oder es wurde suggeriert, E-Autos seien auch keine Lösung, und dazu wurden falsche Behauptungen über Fahrzeuge mit Elektroantrieb verbreitet. Zum Beispiel postete ein User auf Facebook eine falsche Statistik, wonach die Produktion einer Tesla-Batterie viel mehr $CO_2$ freisetzen würde, als ein Verbrenner über 200.000 Kilometer ausstößt. Das Posting wurde fast 10.000 Mal geteilt, ein hoher Wert. Diese Zahlen sind Humbug: Selbst im ungünstigsten Fall verursacht das E-Auto nur einen Bruchteil der $CO_2$-Emissionen verglichen mit Benzin- oder Dieselmotoren.[144]

Solche Meldungen bekommen jedoch Aufmerksamkeit, weil sie das erwünschte Ergebnis liefern. Denn seien wir ehrlich: Es wäre eine schöne Vorstellung, zu glauben, die Klimakrise passiert gar nicht, oder für wahr zu halten, dass Verbrennermotoren eigentlich ganz harmlos sind und wir weiterhin unbekümmert damit durch die Gegend fahren können.

Gerade in einer Zeit, in der reale Krisen, eine Pandemie, eine tatsächlich stattfindende Erderhitzung die Schlagzeilen dominieren, können Falschmeldungen reüssieren, weil sie eine verlockende andere Erzählung liefern, wonach man viele dieser Krisen nicht ernst nehmen müsste.

Ein guter Gradmesser und deshalb mein dritter Tipp:

**TIPP**

---

Auf die eigene Emotionalität achten!

---

Gerade Artikel, die Wut oder Sorge auslösen, werden stärker geklickt – viele Falschmeldungen sprechen gezielt Feindbilder an oder behaupten etwas Beunruhigendes. Sie versuchen, uns auf einer emotionalen Ebene zu überzeugen. Natürlich gibt es reale Vorfälle, die einen zu Recht wütend oder besorgt stimmen, aber starke Emotionalisierung ist in vielen Fällen ein Warnsignal, dass man genauer hinsehen sollte, ob ein Teil der Meldung oder sogar die ganze Meldung vielleicht erfunden wurde.

Will man sich selbst vor Falschmeldungen schützen, kann das auf zwei Ebenen gelingen: Erstens jene Ebene, auf der man über sich selbst reflektiert und auch eine gesunde Portion Zweifel an sich selbst zulässt. Man kann sich fragen: Bei welchem Thema bin ich keine Fachperson, habe aber eine Meinung? Was regt mich furchtbar auf oder woran würde ich gerne glauben? Und zweitens gibt es die konkrete mediale Ebene, bei der man die jeweilige Information näher inspiziert: Sticht mir hier etwas ins Auge, das ein Indiz für die fehlende Seriosität einer Meldung sein kann?

Unseriöse Kanäle im Internet sind oft faul. Damit meine ich, dass sie sich häufig keine neuen Maschen einfallen lassen, sondern dieselben Tricks nutzen, mit denen auch schon andere Falschmeldungen verbreitet wurden. Eine solche Masche ist, dass man Videos in schlechter Auflösung verwendet und dazu etwas Gewagtes behauptet. Als sich die US-amerikanische Vizepräsidentin Kamala Harris gegen Corona impfen ließ, wurde ein Video davon auf Facebook verbreitet. Dazu hieß es, dass man die Nadel ja gar nicht erkenne, das Video sei gestellt! Aber kein Wunder, dass man die Nadel nicht gut erkennen konnte. Die Auflösung war extrem schlecht. In der hochauflösenden Originalaufnahme des Videos konnte man sie sehr wohl erkennen.[145]

Ein anderes Beispiel stammt aus Russlands Angriffskrieg auf die Ukraine: In Butscha, einem Vorort Kiews, wurden nach dem Abzug des russischen Militärs viele Leichen – auch von Zivilist*innen – gefunden. Von einem „Kriegsverbrechen" spricht beispielweise die Menschenrechtsorganisation Amnesty International.[146] Damals säten offizielle russische Kanäle Zweifel an dem Vorfall. Das Verteidigungsministerium teilte ein Video in schlechter Auflösung auf Telegram und behauptete zum Beispiel man könne sehen, wie eine Leiche am Straßenrand die Hand hebt. Suggeriert wurde also: Das Massaker sei erfunden, hier bewegt sich eine Leiche. Doch auch von diesem Video gibt es die hochauflösende Originalaufnahme, gefilmt aus einem fahrenden Auto. In der besseren Auflösung ist erkennbar, dass die Windschutzscheibe des Autos verschmutzt war. Ein Regentropfen auf der Windschutzscheibe reflektiert das Licht, dahinter liegt eine Leiche am Straßenrand.[147] Auf der Aufnahme bewegt sich kein Leichnam, sondern man sieht einfach, dass die Scheibe nicht gut geputzt ist. Es handelt sich um zwei verschiedene Themen, Russlands Angriffskrieg auf die Ukraine und die Corona-Impfung, aber die Methodik der Irreführung ist in beiden Fällen gleich: Mit Videos in schlechter Auflösung und spektakulären Behauptungen werden Zweifel gesät.

Ob Impfdebatte, Klimakrise oder Ukrainekrieg – Desinformation ist themenübergreifend und es kommen immer wieder dieselben Tricks zum Einsatz. Im Folgenden werde ich einige von ihnen beleuchten. Denn wer diese Tricks kennt, tut sich leichter, sie auch bei anderen Versuchen der Irreführung zu erkennen.

## DIE RICHTIGEN FRAGEN STELLEN!

Wenn man nun wissen will: Stimmt diese brisante Schlagzeile, die mir ein Bekannter über WhatsApp weitergeleitet hat, gibt es ganz konkrete Fragen, die man stellen kann, um die Behauptung zu überprüfen. Die erste Frage kann lauten:

**FRAGE**

Wer ist die Quelle?

Ein kurioses Beispiel: Im Jahr 2019 erhielt die Klima-Aktivistin Greta Thunberg einen Sonderpreis der „Goldenen Kamera" für ihren Einsatz. Damals kursierte auf Facebook das Foto eines Zeitungsausschnitts: Darin hieß es, der „Star-Autor Tim Dillinger" habe seine Teilnahme an dieser Preisverleihung abgesagt, weil er es nicht mit seinem „Gewissen" vereinbaren könne, dass diese „Ikone der künstlich gehypten Ersatzreligion ‚Klimaschutz'" ausgezeichnet wird. Diese übertriebene Art des Formulierens hätte eigentlich schon ein Warnsignal sein können, weil Zeitungsartikel in der Regel nicht so eine mit Übertreibungen aufgeladene Sprache verwenden, zumindest nicht im qualitätsvolleren Journalismus. Das Ganze war aber überhaupt eine Fälschung: Denn diesen Zeitungstext hat es gar nicht gegeben. Noch mehr als das: Es gibt nicht einmal den „Star-Autor

Tim Dillinger". Weder der Zeitungsartikel noch die darin zitierte Person existieren.

Sieht man so ein emotionalisierendes Posting auf Facebook, kann man nach der Originalquelle googeln. Findet man weder den angeblich zitierten Text noch einen „Star-Autor" namens Tim Dillinger, dann sind das Warnsignale. Dass die Meldung erfunden ist, zeigte ein Faktencheck der Webseite Correctiv.org.[148]

Quellen zu erfinden, ist eine beliebte Masche. Im Sommer 2022 ereignete sich noch ein extremerer Vorfall: Es tauchten etliche gefälschte Webseiten auf, die sich mal als „Bild", mal als „Welt", mal als „t-online" ausgaben, also die Optik und den Namen etablierter Medien nachahmten. Unter dem Logo der „Bild"-Zeitung wurde zum Beispiel behauptet, ein Teenager sei in Berlin ums Leben gekommen, weil die Stadt wegen der Stromsparmaßnahmen die Straßenbeleuchtung abgeschaltet hätte. Alles daran ist erfunden: Es gibt diesen toten Jugendlichen nicht. Berlin hat die Straßenbeleuchtung gar nicht abgeschaltet, es gibt also auch keine Verbindung zu den Sanktionen gegen Russland und der Energiekrise. Und sogar die Nachrichtenseite als Ganzes ist eine Erfindung – sie hieß www.bild.vip anstelle von bild.de, der offiziellen Adresse des Nachrichtenmediums. Neu angelegte, gefälschte Profile auf Facebook verbreiteten diese Texte allerdings.[149]

Hier hat jemand ziemlich viel Aufwand auf sich genommen, um Stimmung gegen die Russlandsanktionen zu machen. Es entstand der Eindruck, dass es sich um eine groß angelegte Desinformationskampagne auf russischer Seite handelt. Doch nicht immer ist die Täuschung so umfassend:

Häufig werden nicht etablierte Medien nachgeahmt, sondern Falschmeldungen oder Satire-Texte einfach von unbekannten Kanälen verbreitet. Auch in diesem Fall kann das Hinterfragen des Mediums helfen: Erinnern wir uns an Keuschi, das Känguru. Googelt man die Quelle der Meldung, findet man sofort heraus, dass es sich bei „Die Tagespresse" um eine Satire-Seite handelt. Wenn eine Webseite bereits für Satire bekannt ist oder wenn sie schon oft mit Falschmeldungen auffiel, ist die Wahrscheinlichkeit hoch, dass es bereits einordnende und schnell auffindbare Artikel über diese Seite in anderen Medien online gibt. Sie können es sich sogar noch einfacher machen und folgende Frage stellen:

**FRAGE**

Hat das bereits jemand für mich überprüft?

Oft muss man gar nicht detektivisch einer potenziellen Falschmeldung hinterherspüren. Sinnvoller ist es, herauszufinden, ob professionelle Faktencheck-Portale diese Arbeit bereits übernommen haben. Beispielsweise kursierte Ende 2021 ein Posting auf Facebook und Telegram, laut dem zu Jahresende 13 Kraftwerke in Deutschland abgeschaltet werden – vom Kraftwerk Deuben in Sachsen-Anhalt bis zum Kraftwerk Heyden in Nordrhein-Westfalen wurden diese Einrichtungen aufgelistet. Zum Schluss wurde behauptet: „Das wird den Blackout einläuten (sic). Sichert Eure digitalen Kontoauszüge, macht Screenshots von Euren Kontoständen, hebt Geld ab, usw." Natürlich könnte man jetzt in mühevoller Kleinarbeit jedes der genannten Kraftwerke googeln und überprüfen, ob die Anlagen wirklich vom Netz gingen. Aber schneller geht es, zuerst nach einem Faktencheck zu suchen. Googeln Sie: „kraftwerks-abschaltung blackout faktencheck." Dann finden Sie unter anderem einen Artikel der Webseite Mimikama.at, in dem steht: Von den genannten Kraftwerken wurden nur drei zum Jahresende stillgelegt – der Rest ist schon früher abgeschaltet worden, wird umgerüstet oder gilt als „systemrelevant", kann also wieder aktiviert werden.[150]

Ich weiß, das ist ein sehr simpler Tipp: Aber häufig genügt es wirklich, nach der Kernbotschaft einer potenziellen Falschmeldung auf Google zu suchen und das Wort „Faktencheck" dazuzuschreiben. Denn dann zeigt die Suchmaschine eher die Ergebnisse von Webseiten an, die dezidiert Faktenchecks liefern. Und ich glaube: Je simpler ein Tipp ist, desto eher wenden wir ihn auch an.

Diese Meldung ist ein gutes Beispiel, auf welche Weise Falschmeldungen aufgebaut sind: Häufig werden darin reale und falsche Behauptungen vermengt und mit purer Spekulation zusätzlich emotional aufgeladen. Wahr ist, dass ein kleiner Teil der Kraftwerke abgeschaltet wird, falsch ist, dass alle genannten Kraftwerke vom Netz gehen, und pure Spekulation ist, dass ein Blackout – also ein großflächiger Stromausfall – bevorstünde.

Gerade das Vermengen von falschen und richtigen Behauptungen ist eine erfolgreiche Taktik, wie folgende Untersuchung aufzeigt. Rund 1.500 Deutsche bekamen wahre, falsche und nur teilweise falsche Behauptungen zu Themen wie Covid-19 und Migration vorgelegt. Die gute

Nachricht ist, dass den realen Geschichten am häufigsten Glauben geschenkt wurde. Doch wenn eine Falschmeldung nicht komplett erfunden war, sondern nur teilweise Falsches beinhaltete, fielen im Schnitt auch mehr Menschen darauf herein als bei gänzlich Erfundenem.[151] Also Vorsicht bei halbwahrer Information – nur weil ich weiß, dass ein Teil der Meldung stimmt, sollte ich nicht annehmen, dass der Rest auch wahr ist.

Dieses Vermengen von Fakt und Fiktion ist leider etwas, das auch auf der Bild-Ebene gut funktioniert. Vielfach kursieren echte Fotos, sie werden aber mit falschen Bildunterschriften versehen – und somit für Täuschung genutzt. Eine wichtige Frage ist also: Sehe ich wirklich das, was die Bildunterschrift oder das Posting neben dem Bild behauptet? Zum Beispiel kursierte im Dezember 2021 ein Foto in den sozialen Medien, auf dem man Tausende Menschen dicht gedrängt auf einem Hauptplatz sieht. Behauptet wurde, es würde eine Corona-Demo in der österreichischen Kleinstadt Trieben zeigen. Unsinn: Das Bild ist echt, aber es hat nichts mit der Pandemie zu tun. Es stammt von einem Konzert im Jahr 2012 in Serbien.[152] Oft reicht es aus, altes Bildmaterial in einen falschen Kontext zu stellen, um damit erfolgreich Menschen zu täuschen. Aber natürlich gibt es noch komplexere Formen der visuellen Täuschung. Eine weitere Frage ist daher:

**FRAGE**

Wurde das Bildmaterial manipuliert?

Es gibt ein Foto, das Greta Thunberg zeigt, wie sie gemütlich im Zug isst. Doch hinter den Fensterscheiben des Zuges sieht man hungernde Kinder in Afrika. Das ist eine Täuschung: Die afrikanischen Kinder wurden ins Bild montiert, in der echten Version des Fotos sieht man, dass der Zug durch eine dänische Waldlandschaft fährt. Eine plumpe Bildfälschung – die aber immerhin von Eduardo Bolsonaro, dem Sohn des damaligen brasilianischen Präsidenten, auf Twitter verbreitet wurde.[153]

Durch neue Technologie wird es zunehmend einfacher, auch sehr raffinierte Bildmanipulation zu erstellen. Das reicht bis zu Deepfakes, das sind Bilder oder Videos, die von einer Software erfunden wurden. Zum Beispiel nutzt man dafür reale Aufnahmen einer Person, die Software baut daraus eine neue Szene und lässt die Person Sätze sagen, die sie nie gesagt hat. Als Russland den Angriffskrieg auf die Ukraine startete, machte ein solches Video Schlagzeilen: Präsident Wolodymyr Selenskyj rät darin der ukrainischen Bevölkerung, „die Waffen niederzulegen". Eine Fälschung, wie Selenskyj prompt selbst klarstellte. Es handelte sich um einen Deepfake, zum Glück war es eine leicht entlarvbare Version: Denn Selenskyjs Mimik wirkt in dem Video hölzern, sein Kopf erscheint seltsam auf seinen Körper retuschiert.[154]

Mittlerweile gibt es Apps, die sich zur Erstellung von Deepfakes – bis hin zu Deepfake-Pornos – eignen. Hierbei wird das Gesicht einer fremden Person in Pornoszenen eingesetzt.[155] Nicht immer sehen solche Manipulationen überzeugend echt aus, aber die Gefahr besteht, dass einzelne Szenen oder Screenshots doch so geschickt erstellt wurden, dass sie Zweifel säen: Sieht man hier die berühmte Person

XYZ in einem Porno?[156] Solche Deepfake-Pornos sind nicht nur Manipulationsversuche, sondern man muss sie als Methode der Erniedrigung und versuchten Rufmords einstufen – zum Beispiel gegen Politikerinnen.

Wie kann man gezielt Bilder überprüfen? Erstens lohnt es sich oft schon, nach Auffälligkeiten im Video oder Foto Ausschau zu halten. Nehmen wir das Foto von der angeblichen Corona-Demo in der österreichischen Kleinstadt Trieben. Wenn man in das Bild hineinzoomt, sieht man einen Handyshop namens „Mobil Servis" – das deutet darauf hin, dass dieses Bild nicht im deutschen Sprachrauch aufgenommen wurde.[157] Auch bei Deepfakes lohnt es sich, kritisch hinzublicken: Hat Selenskyjs Körper im Video eine etwas andere Hautfarbe als der Kopf?[158] Oder wirkt die Haut einer Person sehr gestrafft, so als ob sie von einem Foto-Filter geglättet wurde? Das können Warnsignale sein.[159] Ebenso kann man Bilder-Suchmaschinen konsultieren. Unter images.google.com lassen sich Fotos hochladen und überprüfen, ob diese Aufnahmen schon länger im Web zu finden sind und was sie in Wirklichkeit zeigen. Wenn ein Foto vor zehn Jahren hochgeladen wurde, na, dann wird es nicht von der gestrigen Corona-Demo stammen. Wird man auf Google nicht fündig, kann man beispielsweise die Bilder-Suchmaschine TinEye (tineye.com) ausprobieren, die oft andere Treffer liefert.

Ich möchte noch einen Diskussions-Trick ansprechen, den ich besonders ärgerlich finde: die Ad-hominem-Attacke. Ärgerlich ist, dass Falschmeldungen oft die Expertise oder den Charakter von Personen infrage stellen, die für das jeweils diskutierte Thema von Relevanz sind. Im Zusammenhang mit der Coronapandemie wurde beispielsweise die Frage verbreitet: Hat der Virologe Christian Drosten möglicherweise gar keine richtige Doktorarbeit verfasst? Eine absurde und falsche Unterstellung – Drosten hat 2001 seine Dissertation fertiggestellt.[160]

Übrigens entspricht diese Falschmeldung auch der Methode der „loaded question". Mittels einer Frage (in diesem Fall, ob Drosten gar kein richtiger Doktor ist) wird ein schwerer Vorwurf verbreitet. Auch die Verunglimpfung, Greta Thunberg würde gemütlich zu Mittag essen, während im Hintergrund Kinder hungern, ist eine Falschmeldung. In diesen Fällen wird versucht, einzelne Menschen zu diskreditieren, die für ein Thema stehen. Denn: Wenn Christian Drosten angeblich nicht dissertiert hat, müssen wir dann seine Warnungen vor dem Coronavirus ernst nehmen? Oder Greta Thunberg wird als herzlos dargestellt, wenn suggeriert wird, sie würde neben hungernden Kindern gemütlich essen. Solche Ad-hominem-Attacken kommen als brachiales Instrument der Diskussionsführung zum Einsatz – meines Erachtens oftmals, um davon abzulenken, dass man in der Sachfrage keine starken Argumente hat. Deshalb möchte ich zur Frage anregen:

**FRAGE**

Wird eine Person zu Unrecht diskreditiert, um vom eigentlichen Sachthema abzulenken?

Ein extremes Beispiel stammt aus Russlands Angriffskrieg auf die Ukraine: Im März 2022 bombardierte das russische Militär ein Krankenhaus in Mariupol inklusive der Geburtenstation. Die Nachrichtenagentur Associated Press (AP) veröffentlichte erschütternde Fotos: Ein Bild zeigt eine Frau in gepunktetem Pyjama, sie hat Blut im Gesicht und geht eine Treppe hinunter. Es handelt sich durch Zufall um eine recht bekannte Beauty-Bloggerin, sie überlebte die Bombardierung und brachte eine gesunde Tochter zu Welt. Ein anderes Bild zeigt eine Schwangere mit hellem Pullover, die verletzt auf einer Trage liegt und die Hand über ihren Babybauch hält. Diese Frau und ihr ungeborenes Kind starben nach dem Angriff.[161] Russische Kanäle bestritten den Angriff und verbreiteten eine Verschwörungserzählung: Die Angriffe wären inszeniert worden, die beiden Schwangeren auf den Fotos wären ein und dieselbe Person, nämlich die Beauty-Bloggerin, die „die Rollen beider schwangeren Frauen“ nur gespielt hätte.[162] Das ist falsch: Das ZDF hat sogar Gesichtserkennungs-Software eingesetzt, um die biometrischen Daten der beiden Frauen miteinander zu vergleichen. Es handelt sich um zwei unterschiedliche Personen.[163] Auch in diesem Fall leugneten russische Accounts reales Leid, indem sie den Opfern eines russischen Angriffs absprachen, tatsächlich Opfer zu sein, und sogar die Existenz einer getöteten Frau sowie ihres getöteten ungeborenen Kindes in Zweifel zogen. Opfer zu diskreditieren, erscheint mir als besonders bösartig – und es ist nicht das erste Mal, dass diese Methode angewandt wird.

In den USA kam es 2012 zum Massaker an der Sandy-Hook-Grundschule in Connecticut, bei dem zwanzig

Kinder der ersten Klasse sowie sechs Angestellte der Schule ermordet wurden. Daraufhin erklärte der rechte Verschwörungsguru Alex Jones, dies sei nur eine Erfindung gewesen, die betroffenen Familien und die Rettungskräfte seien sogenannte „crisis actors" gewesen, also Schauspieler*innen. Mittlerweile wurde Alex Jones zu Geldstrafen in der Höhe von mehr als einer Milliarde US-Dollar verurteilt – für das Leid, das er den Familien und betroffenen Rettungskräften zugefügt hat.[164] Diese Gerichtsurteile gegen Alex Jones sind wegweisend: Denn sie zeigen, dass es selbst in den USA, wo die Meinungsfreiheit sehr viel breiter als im deutschsprachigen Raum ausgelegt wird, Grenzen gibt, wie rücksichtslos Falschmeldungen und Verschwörungserzählungen verbreitet werden dürfen. Es ist gut, wenn Größen der Verschwörungsszene merken: Es kann auch sehr teuer werden, wenn man mittels nachweisbar falscher Behauptungen anderen Menschen Leid zufügt.

Um solchen unseriösen Kanälen nicht noch mehr Reichweite zu geben, können die hier aufgezählten Fragen als Richtschnur dienen. Denn es gibt Grund zur Hoffnung, dass auch simple Tipps, die Medienkompetenz fördern, einen positiven Effekt haben. In vielen Schulen finden mittlerweile Trainings statt, woran man unseriöse Artikel erkennen kann, und Zeitungsartikel liefern Ratschläge für mehr (digitale) Medienkompetenz.

Sogar Facebook hat im April 2017 den Userinnen und Usern zehn „Tipps zum Erkennen von Falschmeldungen" eingeblendet, diese Tipps sogar auf ganzseitigen Inseraten in Printmedien wie der „Süddeutschen Zeitung" oder „Bild" veröffentlicht. Einer der Ratschläge lautete: „Sei skeptisch gegenüber Schlagzeilen. Falschmeldungen haben häufig reißerische Überschriften, sind in Großbuchstaben geschrieben und enthalten Ausrufezeichen (…).“ Oder: „Sieh dir andere Berichte an. Wenn keine andere Nachrichtenquelle dieselbe Meldung veröffentlicht, kann das ein Hinweis darauf sein, dass die Meldung falsch ist (…).“ Zugegeben: Diese Empfehlungen klingen simpel und es gab damals auch Kritik an Facebook – etwa, dass das Unternehmen erst reagiert, nachdem enormer öffentlicher Druck ausgeübt wurde. Ich halte diese Kritik für berechtigt: Dass wir so ein großes Problem mit Desinformation haben, liegt auch daran, dass große Dienste – wie Facebook – das Thema lange ignorierten oder manch eine Maßnahme halbherzig wirkt.[165]

Diese zehn Tipps von Facebook veranlassten Wissenschaftler*innen aus den USA und aus Indien dann aber auch zu einer groß angelegten Untersuchung, mit im Team war übrigens der Politologe Jason Reifler, den ich in diesem Buch bereits zitiert habe. Sie wollten die Wirksamkeit solcher Empfehlungen testen und legten zum Beispiel mehr als 4.000 Amerikaner*innen wahre und falsche Überschriften vor. Ein Teil der Studienteilnehmenden bekam zuvor die Tipps zur Förderung von Medienkompetenz zu lesen, ein Teil nicht (das war die sogenannte Kontrollgruppe). Die Forschenden fanden heraus: Wer diese Tipps gelesen hatte, fiel messbar seltener auf falsche Überschriften hinein, konkret sank der Glaube an Falschmeldungen von 32 Prozent in der Kontrollgruppe auf 24 Prozent in jener Gruppe, die die Tipps zu lesen bekommen hatte. Wohlgemerkt: Solche Ratschläge sind kein Wundermittel – sie führen nicht dazu, dass Falschmeldungen zu hundert

Prozent als solche erkannt werden. Die Studie ergab auch, dass ein paar Wochen später dieser positive Effekt bei den amerikanischen Testpersonen nur noch schwach ausgeprägt war. Das legt den Schluss nahe, dass Schulen und Medienhäuser solche Ratschläge regelmäßig wiederholen sollten. Auch Facebook könnte meines Erachtens mehr tun, um immer wieder dieses kritische Nachdenken in Erinnerung zu rufen. Die Forschenden machten auch eine erfreuliche Beobachtung: Unabhängig davon, ob eine Falschmeldung die politische Einstellung einer Person bestätigte oder ihr widersprach, hatten diese Medienkompetenz-Tipps tendenziell eine aufklärende Wirkung – seltener ließen sich Menschen danach täuschen. Wir sollten daher die Chance nutzen, Menschen immer wieder mit Ratschlägen für das Erkennen von Fehlinformation zu konfrontieren, weil es die Situation ein Stück weit verbessern kann.[166]

## FÜR EINE KULTUR DES ZWEIFELNS

Im Grunde geht es darum, dass wir alle eine Kultur des Zweifelns vorantreiben können: Das umfasst einerseits den Zweifel an der eigenen Unfehlbarkeit – was simpel und einleuchtend klingen mag, aber gerade dort schwerfällt, wo man Irrtum als persönliche Niederlage empfindet. Andererseits können wir das Anzweifeln von spektakulären Behauptungen, die uns unterkommen, kultivieren, indem wir auf Warnsignale achten, die bei unseriösen Behauptungen vielfach in Erscheinung treten. Solch ein Zweifeln bedeutet nicht, dass man gar nichts mehr für wahr hält oder keine

Unterscheidung macht, welches Argument mit Fakten untermauert ist und welche Aussage im Gegensatz dazu nicht belegt oder sogar schon widerlegt wurde. Ganz im Gegenteil: Zu zweifeln im Sinne eines aufgeklärten Denkens bedeutet, die Komplexität und auch Widersprüchlichkeit unserer Welt anzuerkennen – und eben nicht dem ersten Impuls zu folgen. Sich diesen Nutzen des Zweifelns wiederholt in Erinnerung zu rufen, kann helfen, jene Momente zu erkennen, in denen jemand versucht, das eigene Bauchgefühl auszunutzen, um eine falsche Behauptung zu verbreiten.

# Quellen und Anmerkungen

1 Ralf Nowotny: Nie gesehene Fotos von Chemtrails-Flugzeugen? – Ehm ... doch! Online unter: https://www.mimikama.at/aktuelles/nie-gesehene-fotos-von-chemtrails-flugzeugen/
Und eine Lese-Empfehlung: Ein Interview mit Frau Sanchez Mengeler findet sich auch auf der Webseite „Volksverpetzer“, siehe: Andreas Bergholz: Interview mit Aussteigerin: „Ich bin auf rechts eingestellte Rattenfänger hereingefallen“. Online unter: https://www.volksverpetzer.de/interview/verschwoerungs-aussteigerin/

2 Charles G. Lord, Lee Ross, Mark R. Lepper: Biased Assimilation and Attitude Polarization: The Effects of Prior Theories on Subsequently Considered Evidence. In: Journal of Personality and Social Psychology 37(11). Online unter: https://doi.org/10.1037/0022-3514.37.11.2098

3 Annett Meiritz, Mirjam Schlossarek: Nein, Angela Merkel verschweigt keinen geheimen Flüchtlingsplan. Online unter: https://www.spiegel.de/politik/deutschland/angela-merkel-nein-die-kanzlerin-hat-keinen-geheimen-fluechtlingsplan-a-1138529.html

4 Genauer können Sie das Beispiel in meinem Buch „Lügen im Netz“ nachlesen. Siehe: Ingrid Brodnig: Lügen im Netz. Wie Fake News, Populisten und unkontrollierte Technik uns manipulieren, 2. Auflage. Wien: Brandstätter Verlag 2020

5 Silvia Knobloch-Westerwick, Benjamin K. Johnson, Axel Westerwick: Confirmation Bias in Online Searches: Impacts of Selective Exposure Before an Election on Political Attitude Strength and Shifts. In: Journal of Computer-Mediated Communication (20/2). Online unter: https://doi.org/10.1111/jcc4.12105

6 Dan M. Kahan: The Politically Motivated Reasoning Paradigm, Part 1: What Politically Motivated Reasoning Is and How to Measure It. Online unter: https://doi.org/10.1002/9781118900772.etrds0417

7 Jessica McDonald: Trump Wrong on Climate Change, Again. Online unter: https://www.factcheck.org/2018/10/trump-wrong-on-climate-change-again/

8 John Cook u.a.: Quantifying the consensus on anthropogenic global warming in the scientific literature. In: Environmental Research Letter 8. Online unter: https://doi.org/10.1088/1748-9326/8/2/024024

9 Paul G. Bain u.a.: Promoting pro-environmental action in climate change deniers. In: Nature Climate Change (2/8). Online unter: https://doi.org/10.1038/nclimate1532

10 Matthew J. Hornsey, Kelly S. Fielding: Understanding (and Reducing) Inaction on Climate Change. In: Social Issues and Policy Review (20/1). Online unter: https://doi.org/10.1111/sipr.12058

11 Alice Echtermann: Bill Gates' angebliche „Impfverbrechen" im Faktencheck. Online unter: https://correctiv.org/faktencheck/2020/05/18/bill-gates-angebliche-impfverbrechen-im-faktencheck

12 Michela Del Vicario u.a.: The spreading of misinformation online. In: PNAS (113/3). Online unter: https://doi.org/10.1073/pnas.1517441113

13 Fabiana Zollo u.a.: Emotional Dynamics in the Age of Misinformation. In: PLOS ONE 10(9). Online unter: https://doi.org/10.1371/journal.pone.0138740

14 Ashley A. Anderson u.a.: The "Nasty Effect:" Online Incivility and Risk Perceptions of Emerging Technologies. In: Journal of Computer-Mediated Communication 19(3). Online unter: https://doi.org/10.1111/jcc4.12009

15 Sara K. Yeo u.a.: The effect of comment moderation on perceived bias in science news. In: Information, Communication & Society 22(1). Online unter: https://doi.org/10.1080/1369118X.2017.1356861

16 Emilio Ferrara, Zeyao Yang: Measuring Emotional Contagion in Social Media. In: PLOS ONE 10(11). Online unter: https://doi.org/10.1371/journal.pone.0142390

17 Antoine J. Banks, Ismail K. White, Brian D. McKenzie: Black Politics: How Anger Influences the Political Actions Blacks Pursue to Reduce Racial Inequality. In: Political Behavior 41. Online unter: https://doi.org/10.1007/s11109-018-9477-1

18 Timothy J. Ryan: What Makes Us Click? Demonstrating Incentives for Angry Discourse with Digital-Age Field Experiments. In: The Journal of Politics 74(4). Online unter: https://doi.org/10.1017/s0022381612000540

19 o.A.: Most Influential Emotions on Social Networks Revealed. Online unter: https://www.technologyreview.com/2013/09/16/176450/most-influential-emotions-on-social-networks-revealed/

20 Jonah Berger, Katherina L. Milkman: What Makes Online Content Viral? In: Journal of Marketing Research 49(2). Online unter: https://www.jstor.org/stable/23142844

21 Ausführlich habe ich das auch im Buch „Lügen im Netz" beschrieben, a.a.O.

22 Wohlgemerkt bezieht sich Butter hier auf den US-amerikanischen Politologen Michael Barkun. Siehe: o.A.: „Alles hängt mit allem zusammen". Online unter: https://www.iz3w.org/zeitschrift/ausgaben/371_verschwoerungstheorien/butter

23 Michael Butter: „Nichts ist, wie es scheint“. Über Verschwörungstheorien. Berlin: Suhrkamp 2018

24 John Sides: Fifty percent of Americans believe in some conspiracy theory. Here’s why. Online unter: https://www.washingtonpost.com/news/monkey-cage/wp/2015/02/19/fifty-percent-of-americans-believe-in-some-conspiracy-theory-heres-why/

25 Ruth Wodak: Politik mit der Angst. Zur Wirkung rechtspopulistischer Diskurse. Wien: Edition Konturen 2016, S. 18

26 o.A.: Aktuelles Stimmungsbild in Deutschland. Online unter: https://www.sicherheitsreport.net/sicherheitsreport-2020-spezial-corona/

27 o.A.: COVID-19 zieht Verschwörungstheorien an. Online unter: https://www.market.at/market-aktuell/details/covid-19-zieht-verschwoerungstheorien-an.html

28 Thilo Manemann: „Es vergeht kein Tag, an dem wir nicht einen Beratungsfall zu diesem Thema bekommen.“ Online unter: https://www.belltower.news/sekten-beratung-und-verschwoerungsideologien-es-vergeht-kein-tag-an-dem-wir-nicht-einen-beratungsfall-zu-diesem-thema-bekommen-99849/

29 o.A.: COVID19 | Research. Online unter: https://research.mci.edu/de/cshi/blog/covid19

30 Karen M. Douglas u. a.: Understanding Conspiracy Theories. In: Advances in Political Psychology 40(1). Online unter: https://doi.org/10.1111/pops.12568

31 Ebd.

32 Roland Imhoff, Pia Karoline Lamberty: Too special to be duped: Need for uniqueness motivates conspiracy beliefs. In: European Journal of Social Psychology 47(6). Online unter: https://doi.org/10.1002/ejsp.2265

33 Alexandra Bröhm, Felix Straumann: Stimmen die Behauptungen im Corona-Bestseller? Online unter: https://www.tagesanzeiger.ch/stimmen-die-behauptungen-im-corona-bestseller-495447178511

34 Joachim Thiery, Stefan Schreiber, Jens Scholz: Stellungnahme zur SARS-CoV2-Infektion. Online unter: https://www.uni-kiel.de/fileadmin/user_upload/universitaet/newsportal/corona/Stellungnahme_SARS-CoV-2-Infektion.pdf

35 Telegram ist mittlerweile ein Sammelbecken von Gruppen, die auf anderen Kanälen wie Facebook gelöscht werden. So nutzen beispielsweise auch Islamisten und Rechtsextreme diese Plattform, die viele problematische bis strafbare Inhalte stehenlässt, für ihre Kommunikation. Die deutsche

Einrichtung jugendschutz.net hat auch folgenden Test zu rechtsextremen Kanälen durchgeführt: Mehr als 200 Inhalte wurden gemeldet, die beispielsweise verbotene Kennzeichen, Volksverhetzung oder Holocaust-Leugnung aufwiesen. Jedoch löschte Telegram neun von zehn dieser gemeldeten Inhalte nicht (genau genommen waren es 89,3 Prozent). Siehe: o.A.: Telegram: Zwischen Gewaltpropaganda und „Infokrieg". In: hass-im-netz.info, online unter: https://www.hass-im-netz.info/themen/artikel/telegram-zwischen-gewaltpropaganda-und-infokrieg

36 Katharina Nocun, Pia Lamberty: Fake Facts. Wie Verschwörungserzählungen unser Denken bestimmen. Köln: Quadriga 2020, S. 21

37 David Zarefsky, Frank E. Tutzauer, Carol Miller-Tutzauer: The self-sealing rhetoric of John Foster Dulles. In: Zarefsky, David: Political Argumentation in the United States: Historical and Contemporary Studies. Amsterdam: John Benjamins Publishing Company 2014, S. 209

38 Nicoleta Corbu u.a.: 'They can't fool me, but they can fool the others!' Third person effect and fake news detection. In: European Journal of Communication 35(2). Online unter: https://doi.org/10.1177/0267323120903686

39 Institut für Strategieanalysen: Digitalmonitor. Online unter https://strategieanalysen.at/wp-content/uploads/2017/08/Digitalmonitor-Welle-1-PK.pdf

40 Daniel Kahneman: Schnelles Denken, langsames Denken. München: Siedler Verlag 2011

41 Viren Swami u.a.: Analytic thinking reduces belief in conspiracy theories. In: Cognition 133(3). Online unter: https://doi.org/10.1016/j.cognition.2014.08.006

42 Stevie Voogt: Countering far-right recruitment online: CAPE'spractitioner experience. In: Journal of Policing, Intelligence and Counter Terrorism 12(1). Online unter: https://doi.org/10.1080/18335330.2016.1215510

43 Der Unterschied zwischen „MMS" und „CDL" ist: MMS besteht aus Natriumchlorid, das im Wasser vermengt mit einer Säure (wie Zitronensäure oder Fruchtsäure) vermischt wird, sodass dann Chlordioxid entsteht und konsumiert wird. Wer MMS bestellt, mischt sich also selbst Chlordioxid zusammen. Wer CDL bestellt, bekommt die Substanz bereits fertig abgemischt.

44 o.A: Trinkwasserdesinfektionsmittel. Online unter: https://www.umweltbundesamt.de/trinkwasserdesinfektionsmittel (4.11.2020)

45 o.A.: Miracle Mineral Supplement (MMS): Erhebliche Gesundheitsgefahr. In: Verbraucherzentrale.de, online unter: https://www.verbraucherzentrale.de/wissen/lebensmittel/nahrungsergaenzungsmittel/miracle-mineral-supplement-mms-erhebliche-gesundheitsgefahr-11044

46 Anschaulich erklärt das die Chemikerin und Journalistin Mai Thi Nguyen-Kim in einem ihrer Videos. Siehe: o.A.: MMS ist GIFT! Wirklich. Online unter: https://www.funk.net/channel/mailab-996/mms-ist-gift-wirklich-1601929

47 o.A.: Miracle Mineral Supplement (MMS)

48 Im November 2020 sprach die Behörde auch eine offizielle Warnung aus. Siehe: o.A.: Warnung vor Chlordioxidlösungen (MMS, CDS, CDL). Online unter: https://www.basg.gv.at/marktbeobachtung/amtliche-nachrichten/detail/warnung-vor-chlordioxidloesungen-mms-cds-cdl

49 o.A.: MMS – Geschäft mit der Hoffnung. Online unter: https://www.deutsche-apotheker-zeitung.de/daz-az/2014/daz-24-2014/mms-geschaeft-mit-der-hoffnung

50 Poppy Noor: Was Trump being 'sarcastic' with his disinfectant comments? You decide. Online unter: https://www.theguardian.com/world/2020/apr/24/trump-disinfectant-bleach-sarcastic

51 Radhika Gharpure u.a.: Knowledge and Practices Regarding Safe Household Cleaning and Disinfection for COVID-19 Prevention – United States, May 2020. Online unter: http://dx.doi.org/10.15585/mmwr.mm6923e2

52 Neil Vigdor: Man Fatally Poisons Himself While Self-Medicating for Coronavirus, Doctor Says. Online unter: https://www.nytimes.com/2020/03/24/us/chloroquine-poisoning-coronavirus.html

53 o.A.: Urteil des 1. Strafsenats vom 23.7.2019 - 1 StR 107/18. Online unter: https://juris.bundesgerichtshof.de/cgi-bin/rechtsprechung/document.py?Gericht=bgh&Art=en&az=1%20StR%20107/18&nr=99893

54 Hete Henning: Was der Rottenburger Kopp-Verlag macht. Online unter: https://www.tagblatt.de/Nachrichten/Was-der-Rottenburger-Kopp-Verlag-macht-217709.html

55 Judith Brosel u.a.: „Aufklärung" mit Hetze, Angst und Verschwörungsmythen. Online unter: https://www.deutschlandfunkkultur.de/kopp-verlag-aufklaerung-mit-hetze-angst-und.1270.de.html?dram:article_id=467322

56 o.A.: MMS ist GIFT!

57 Axel Schwarz: Kasseler Wunderheiler-Messe: Abmahnung für Titelschwindler. Online unter: https://www.hna.de/kassel/abmahnung-titelschwindler-4918308.html

58 o.A.: Technobabble. In: RationalWiki.org, online unter: https://rationalwiki.org/wiki/Technobabble

59 Uschi Jonas: Nein, Corona-Tests führen zu keiner Schädigung der Blut-Hirn-Schranke. Online unter: https://correctiv.org/faktencheck/2020/07/30/nein-corona-tests-fuehren-zu-keiner-schaedigung-der-blut-hirn-schranke/

60 Bernd Harder: Wasser und Esoterik. Online unter: https://blog.gwup.net/2010/08/21/wasser-und-esoterik/

61 Übrigens ist der Sokratische Dialog in einer moderneren Abwandlung auch eine Unterrichtsmethode. Der wesentliche Unterschied zur antiken Dialogform, bei der eine Lehrperson eine Person mittels Fragen lenkte, ist, dass die Pädagoginnen und Pädagogen nur anfangs mit ihren Fragen das Gespräch leiten, dann aber den Schülerinnen und Schülern selbst überlassen, auf diese logische und respektvolle Weise, gemeinsam einen Erkenntnisgewinn zu suchen. Siehe: Sophia Zetsche: Gespräche führen wie Sokrates – auch in der Schule. Online unter: https://studienart.gko.uni-leipzig.de/antike-poster/2018/06/12/gespraeche-fuehren-wie-sokrates-auch-in-der-schule/

62 Falls Sie das Beispiel näher interessiert, ich habe es in meiner Kolumne im Nachrichtenmagazin „profil" beschrieben – und auch bei der Medizinischen Universität Wien nachgefragt, was das Zentrum für Virologie auf diese Frage sagt. Die Kurzfassung: Die Universität hat strenge ethische Auflagen, was mit den Zellproben passiert. Und wenn solche Proben über die Diagnostik hinaus verwendet würden, bräuchte man hierfür die Zustimmung der jeweiligen Patientinnen und Patienten. Siehe: Ingrid Brodnig: Pflanzt uns Bill Gates Mikrochips ein? Online unter: https://www.profil.at/gesellschaft/coronavirus-pflanzt-uns-bill-gates-mikrochips-ein/401047636

63 Maja Beckers: Das wird man ja wohl noch fragen dürfen!? Online unter: https://www.zeit.de/kultur/2020-08/fragen-verschwoerungmythen-unterstellungen-kritik-diskurs-manipulation/komplettansicht

64 o.A. 5G Faktencheck. Online unter: https://www.bmlrt.gv.at/telekommunikation-post/telekommunikation/wissenschaftlicher-beirat-funk/5g-faktencheck.html

65 Mayowa Tijani: Experts dismiss claims that 5G wireless technology created the novel coronavirus. Online unter: https://factcheck.afp.com/experts-dismiss-claims-5g-wireless-technology-created-novel-coronavirus

66 James Temperton: The 5G Coronavirus Conspiracy Theory Has Taken a Dark Turn. Online unter: https://www.wired.com/story/the-5g-coronavirus-conspiracy-theory-has-taken-a-dark-turn/

67 Daniel Jolley, Jenny L. Paterson: Pylons ablaze: Examining the role of 5G COVID-19 conspiracy beliefs and support for violence. In: British Journal of Social Psychology 59(3). Online unter: https://doi.org/10.1111/bjso.12394

68 John Cook: Critical Thinking About COVID: Pattern detection and the 5G conspiracy theory. YouTube-Video, online unter: https://www.youtube.com/watch?v=lf0rEGclE9Q

69 John Cook: Cartoons debunking COVID misinformation. Online unter: https://crankyuncle.com/cartoons-debunking-covid-misinformation/

70 John Cook: A history of FLICC: the 5 techniques of science denial. Online unter: https://crankyuncle.com/a-history-of-flicc-the-5-techniques-of-science-denial/ (29.10.2020)

71 John Cook: Critical thinking about COVID-19: deconstructing Trump's disinfectant statement. Online unter: https://crankyuncle.com/critical-thinking-about-covid-19-deconstructing-trumps-disinfectant-statement/

72 Michele Cohen Marill: Here's What Disinfectants and UV Light Really Do to Your Body. Online unter: https://www.wired.com/story/heres-what-disinfectants-and-uv-light-really-do-to-your-body/

73 Im November 2020 findet sich diese Anmerkung weiterhin im Parteiprogramm der AfD, welches online abrufbar ist. Siehe: o.A: Programm für Deutschland. Online unter: https://cdn.afd.tools/wp-content/uploads/sites/111/2018/01/Programm_AfD_Druck_Online_190118.pdf. Einen hilfreichen Artikel zur Thematik findet man hier: Gábor Paál: Die AfD sagt: Mehr $CO_2$ fördert das Pflanzenwachstum. Stimmt das? Online unter: https://www.swr.de/wissen/1000-antworten/wissenschaft-und-forschung/1000-antworten-2856.html

74 Meine Erklärung ist genau genommen nur eine Kurzfassung, wie man mittels kritischem Denken Falschmeldungen überprüft. Wenn Sie es ganz genau wissen wollen: John Cook hat mit den beiden Philosophen Peter Ellerton und David Kinkead einen wissenschaftlichen Aufsatz zu diesem Thema verfasst. Anhand von falschen Behauptungen über die Klimakrise wird erklärt, wie man fehlende Logik in Aussagen überprüfen kann. Siehe: John Cook, Peter Ellerton, David Kinkead: Deconstructing climate misinformation to identify reasoning errors. In: Environmental Research Letters 13. Online unter: https://doi.org/10.1088/1748-9326/aaa49f

75 o.A: Klimawandel: Deutsche Wissenschaftlerinnen und Wissenschaftler präsentieren Faktenüberblick. Online unter: https://www.bmu.de/themen/bildung-beteiligung/bildungsservice/aus-der-wissenschaft/klimawandel-deutsche-wissenschaftlerinnen-und-wissenschaftler-praesentieren-faktenueberblick/

76 Jim Meador: Fakt ist: Ein kalter Tag (oder auch ein kalter Winter) ändert nichts am langfristigen Trend der Erderwärmung. Online unter: https://www.klimafakten.de/behauptungen/behauptung-der-letzte-winter-war-echt-kalt-das-passt-doch-nicht-zur-theorie-vom

77 Chris Mooney, Brady Dennis: Trump always dismisses climate change when it's cold. Not so fast, experts say. Online unter: https://www.washingtonpost.com/climate-environment/2019/01/29/trump-always-dismisses-climate-change-when-its-cold-not-so-fast-experts-say/

78 John Cook: Cranky Uncle vs. Climate Change. How to Understand and Respond to Climate Science Deniers. New York: Citadel Press 2020, S. 46.

79 Brian Deer: Revealed: MMR research scandal. Online unter: https://briandeer.com/mmr/lancet-deer-1.htm

80 Alina Schadwinkel, Sven Stockrahm: Schluss mit den Masern-Mythen! Online unter: https://www.zeit.de/wissen/gesundheit/2015-02/masern-impfung-risiko/komplettansicht

81 o.A.: Nein, diese Betreuungszahlen für Asylbewerber sind falsch. Online unter: https://www.mimikama.at/aktuelles/betreuungszahlen-asylbewerber/

82 Alexander Pollak: Die Rechnung bitte! Online unter: https://www.sosmitmensch.at/site/momagazin/alleausgaben/26/article/240.html

83 Andrew. T. Levin u. a.: Assessing the Age Specificity of Infection Fatality Rates for COVID-19: Systematic Review, Meta-Analysis, and Public Policy Implications. Online unter: https://www.medrxiv.org/content/10.1101/2020.07.23.20160895v6 Zur Einordnung dieses Preprint einer Studie siehe auch: o.A.: (58) Coronavirus-Update: Das Gedächtnis der Zellen. Online unter: https://www.ndr.de/nachrichten/info/58-Coronavirus-Update-Das-Gedaechtnis-der-Zellen,podcastcoronavirus246.html

84 John Cook: False equivalence & reopening schools. YouTube-Video, online unter: https://youtu.be/AUO5YM-0jac

85 o.A.: The Causes of Climate Change. Online unter: https://climate.nasa.gov/causes/

86 Cook: A history of FLICC, a. a. O.

87 John Cook, Stephan Lewandowsky, Ullrich K. H. Ecker: Neutralizing misinformation through inoculation: Exposing misleading argumentation techniques reduces their influence. In: PLoS ONE 12(5). Online unter: https://doi.org/10.1371/journal.pone.0175799

88 John Cook: Mask wearing & drink driving: a parallel argument. Online unter: https://crankyuncle.com/mask-wearing-drink-driving-parallel-argument/

89 Christoph David Piorkowski: „Wenn der Minimalkonsens fehlt, wird es für Demokratien gefährlich". Online unter: https://plus.tagesspiegel.de/wissen/warum-treibt-uns-die-diskussion-um-corona-so-um-wir-brauchen-einen-konsens-ueber-kernfakten-35501.html

90 Joaquin Barnoya, Stanton A. Glantz: The tobacco industry's worldwide ETS consultants project: European and Asian components. In: European Journal of Public Health 16(1). Online unter: https://doi.org/10.1093/eurpub/cki044

91 Oreskes, Conway: a. a. O.

92 Oreskes, Conway: S. 288. Einen lesenswerten Nachruf auf Seitz veröffentlichte auch die „New York Times". Siehe: Dennis Hevesi: Frederick Seitz, Physicist Who Led Skeptics of Global Warming, Dies at 96. Online unter: https://www.nytimes.com/2008/03/06/us/06seitz.html

93 John Cook: How fake experts are used to mislead. Youtube-Video, online unter: https://www.youtube.com/watch?v=2efpci_N2s8)

94 Konkret richtete sich die Petition gegen die Umsetzung des Kyoto-Protokolls, welches auf eine Reduktion von Treibhausgas-Emissionen abzielte, sowie gegen ähnliche Vorhaben. Die Übersicht über die Unterstützenden findet sich hier: o.A.: Qualifications of Signers. Online unter: http://www.petitionproject.org/qualifications_of_signers.php

95 Graham Wayne: How the OISM Petition Project casts doubt on the scientific consensus on climate change. Online unter: https://www.skepticalscience.com/OISM-Petition-Project-basic.htm

96 Rowland Manthorpe: Coronavirus: 'Dr Johnny Bananas' and 'Dr Person Fakename' among medical signatories on herd immunity open letter. In: Sky.com, online unter: https://news.sky.com/story/coronvairus-dr-johnny-bananas-and-dr-person-fakename-among-medical-signatories-on-herd-immunity-open-letter-12099947

97 Wohlgemerkt schlägt die Great Barrington Declaration vor, dass „gefährdete Personengruppen" geschützt werden sollen. Wobei ein Kritikpunkt an der Petition ist, dass es hierfür keinen klaren Plan gibt, wie die „New York Times" berichtet. Siehe: Apoorva Mandavilli, Sheryl Gay Stolberg: A Viral Theory Cited by Health Officials Draws Fire From Scientists. Online unter: https://www.nytimes.com/2020/10/19/health/coronavirus-great-barrington.html

98 o.A.: Great Barrington Declaration. Online unter: https://gbdeclaration.org/die-great-barrington-declaration/

99 o.A.: John Snow Memorandum. Online unter: https://www.johnsnowmemo.com/deutsch.html

100 Ein aufschlussreicher Text, der erklärt, wieso die Forderung nach Herdenimmunität umstritten ist, findet sich auf Spektrum.de. Siehe: Christie Aschwanden: Herdenimmunität – Verheißung oder heiße Luft? Online unter: https://www.spektrum.de/news/herdenimmunitaet-verheissung-oder-heisse-luft/1791410

101 Trish Greenhalgh, Martin McKee, Michelle Kelly-Irving: The pursuit of herd immunity is a folly – so who's funding this bad science? Online unter: https://www.theguardian.com/commentisfree/2020/oct/18/covid-herd-immunity-funding-bad-science-anti-lockdown

102 Maxwell T. Boykoff, Jules M. Boykoff: Balance as bias: global warming and the US prestige press. In: Global Environmental Change 14(2). Online unter: https://doi.org/10.1016/j.gloenvcha.2003.10.001

103 Cook, Lewandowsky, Ecker: a.a.O.

104 Georg Pichler: Wiener Zahnarzt verbreitet Corona-Verschwörungstheorien. Online unter: https://www.derstandard.at/story/2000116878917/wiener-zahnarzt-verbreitet-corona-verschwoerungstheorien

105 Hier ist es üblich, dass der peer review einfachblind, zweifachblind oder auch dreifachblind abläuft. Dabei ist der Name der begutachtenden Personen nicht bekannt, bzw. zusätzlich auch der Name der Begutachteten nicht bekannt bzw. selbst den Herausgeberinnen und Herausgebern die Identität der Einreichenden nicht bekannt. Diese Anonymisierung ist natürlich ein wichtiger Aspekt der Begutachtung.

106 Marius Leye u.a.: Stellungnahme der Fachschaft Medizin der CAU zu Kiel zum Buch „Corona Fehlalarm?" und dem dazugehörigen Interview in den „Kieler Nachrichten". Online unter: https://www.uni-kiel.de/fileadmin/user_upload/universitaet/newsportal/corona/Stellungnahme_Fachschaft.pdf

107 Bröhm, Straumann: a. a. O. – Anmerkung: Der Artikel erschien im „Tagesanzeiger" und der „Süddeutschen Zeitung", liegt aber hinter der Paywall. Eine Zusammenfassung finden Sie hier: Bernd Harder: „Corona Fehlalarm": Faktencheck zu Bhakdi/Reiß in der SZ. Online unter: https://blog.gwup.net/2020/09/14/corona-fehlalarm-faktencheck-zu-bhakdi-reiss-in-der-sz/

108 Nils Metzger: Warum Sucharit Bhakdis Zahlen falsch sind. In: ZDF.de, online unter: https://www.zdf.de/nachrichten/panorama/coronavirus-faktencheck-bhakdi-100.html (10.11.2020).

109 Niels G. Mede, Mike S. Schäfer: Science-related populism: Conceptualizing populist demands toward science. In: Public Understanding of Science 29(5). Online unter: https://doi.org/10.1177/0963662520924259

110 Sylvia Kritzinger u.a.: AUTNES Online Panel Study 2013–2015 (SUF edition). Online unter: https://doi.org/10.11587/RZ4GPB

111 Jimmeka J. Guillory, Lisa Geraci: Correcting erroneous inferences in memory: The role of source credibility. In: Journal of Applied Research in Memory and Cognition 2(4). Online unter: https://doi.org/10.1016/j.jarmac.2013.10.001

112 Briony Swire, Ullrich Ecker: Misinformation and its Correction: Cognitive Mechanisms and Recommendations for Mass Communication. In: Brian G. Southwell, Emily A. Thorson, Laura Sheble (Hg.): Misinformation and Mass Audiences. Austin: University of Texas Press 2018. Online unter: https://brionyswire.files.wordpress.com/2019/03/swireecker2018.pdf

113 Stephan Lewandowsky u.a.: The Debunking Handbook 2020. Online unter: https://www.climatechangecommunication.org/debunking-handbook-2020/

114 Anders Hviid u.a.: Measles, Mumps, Rubella Vaccination and Autism. In: Annals of Internal Medicine 170(8). Online unter: https://doi.org/10.7326/M18-2101

115 Lynn Hasher, David Goldstein, Thomas Toppino: Frequency and the Conference of Referential Validity. In: Journal of Verbal Learning and Verbal Behavior 16(1). Online unter: https://doi.org/10.1016/S0022-5371(77)80012-1

116 Donald J. Trump: The FAKE NEWS media ..., Tweet vom 17. Februar 2017, online unter: https://twitter.com/realDonaldTrump/status/832708293516632065

117 George Lakoff: #ProtectTheTruth. Online unter: https://georgelakoff.com/2017/02/18/protectthetruth/

118 o.A.: Das Unsicherheits-Handbuch. Online unter: https://www.klimafakten.de/meldung/das-unsicherheits-handbuch

119 o.A.: Hochwasser in Nordwesteuropa nehmen zu. Online unter: https://www.tagesschau.de/ausland/hochwasser-klimawandel-101.html

120 Eryn J. Newman, Lynn Zhang: Truthiness. In: Rainer Greifeneder u.a.: The Psychology of Fake News. Accepting, Sharing and Correcting Misinformation. London: Routledge 2020. S. 90–114

121 Die Originalgrafik finden Sie auch im Anhang zur Studie von Reifler und Nyhan. Siehe: Brendan Nyhan, Jason Reifler: The roles of information deficits and identity threat in the prevalence of misperceptions. In: Journal of Elections, Public Opinion and Parties 29(2). Online unter: https://doi.org/10.1080/17457289.2018.1465061

122 Ebd.

123 Elise Fenn u.a.: Nonprobative Photos Increase Truth, Like, and Share Judgments in a Simulated Social Media Environment. In: Journal of Applies Research in Memory and Cognition 8(2). Online unter: https://doi.org/10.1016/j.jarmac.2019.04.005

124 Sojung Claire Kim, Emily K. Vraga, John Cook: An Eye Tracking Approach to Understanding Misinformation and Correction Strategies on Social Media: The Mediating Role of Attention and Credibility to Reduce HPV Vaccine Misperceptions. In: Health Communication. Online unter: https://doi.org/10.1080/10410236.2020.1787933

125 Über die Macht von Geschichten schreibt zum Beispiel auch Daniel Kahneman in seinem Buch „Schnelles Denken, langsames Denken", siehe: Kahneman: a.a.O., S. 247ff.

126 Colleen M. Seifert: The continued influence of misinformation in memory: What makes a correction effective? In: Psychology of Learning and Motivation 41. Online unter: https://doi.org/10.1016/S0079-7421(02)80009-3

127 Lewandowsky u.a.: Misinformation and Its Correction, a.a.O.

128 Ralf Nowotny: Die angeblichen Bilder aus dem Inneren von Chemtrails-Flugzeugen. Online unter: https://www.mimikama.at/aktuelles/innere-von-chemtrails-flugzeugen/

129 o.A.: Verschwörungstheorien. Online unter: https://zebra-bw.de/wp-content/uploads/Checkliste-Verschwoerungstheorien.pdf

130 German Müller: Tätigkeitsbericht 2019. Bundesstelle für Sektenfragen. Online unter: https://www.parlament.gv.at/PAKT/VHG/XXVII/III/III_00175/imfname_836943.pdf

131 Emily K. Vraga, Leticia Bode: I do not believe you: how providing a source corrects health misperceptions across social media platforms. In: Information, Communication & Society 21(10). Online unter: https://doi.org/10.1080/1369118X.2017.1313883

132 Emily K. Vraga: What Can I Do? How to Use Social Media to Improve Democratic Society. In: Political Communication 36(2). Online unter: https://doi.org/10.1080/10584609.2019.1610620

133 Tenelle Porter, Abdo Elnakouri, Ethan A. Meyers u. a.: Predictors and consequences of intellectual humility. In: Nat Rev Psychol 1/2022. Online unter: https://doi.org/10.1038/s44159-022-00081-9

134 Shauna M. Bowes, Arber Tasimi: Clarifying the relations between intellectual humility and pseudoscience beliefs, conspiratorial ideation, and susceptibility to fake news. In: Journal of Research in Personality, 98. Online unter: https://doi.org/10.1016/j.jrp.2022.104220

135 Reports of the Death of Expertise may be Exaggerated. Limits on Knowledge Resistance in Health and Medicine. In: Jesper Strömbäck u. a.: Knowledge Resistance in High-Choice Information Environments. Abingdon: Routledge 2022. Online unter: https://doi.org/10.4324/9781003111474-8

136 Bowes, Tasimi: a. a. O.

137 Tenelle Porter, Karina Schumann: Intellectual humility and openness to the opposing view. In: Self and Identity 17(2). Online unter: https://doi.org/10.1080/15298868.2017.1361861

138 Ethan Kross, Igor Grossmann: Boosting wisdom: Distance from the self enhances wise reasoning, attitudes, and behavior. In: Journal of Experimental Psychology: General, 141(1). Online unter: https://doi.org/10.1037/a0024158

139 Ethan A. Meyers, Martin H. Turpin, Michał Białek, Jonathan A. Fugelsang, Derek J. Koehler: Inducing feelings of ignorance makes people more receptive to expert (economist) opinion. In: Judgment and Decision Making, Society for Judgment and Decision Making 15(6), S. 909–925, November.

140 Matthew Fisher, Mariel K. Goddu, Frank C. Keil: Searching for explanations: How the Internet inflates estimates of internal knowledge. In: Journal of Experimental Psychology: General 144(3). Online unter: https://doi.org/10.1037/xge0000070

141 Tenelle Porter, Karina Schumann, Diana Selmeczy, Kali Trzesniewski: Intellectual humility predicts mastery behaviors when learning. In: Learning and Individual Differences 80(2020). Online unter: https://doi.org/10.1016/j.lindif.2020.101888

142 John T. Jost, Delia S. Baldassarri, James N. Druckman: Cognitive–motivational mechanisms of political polarization in social-communicative contexts. In: Nat Rev Psychol 1 (2022). Online unter: https://doi.org/10.1038/s44159-022-00093-5

143 o. A.: Kirche: Känguru Keuschi soll Jugendliche von vorehelichem Sex abhalten. Online unter: https://dietagespresse.com/kirche-kanguru-keuschi-soll-jugendliche-von-vorehelichem-sex-abhalten/

144 Matthias Bau: Nein, die Produktion einer Tesla-Batterie verursacht keine 17 Tonnen $CO_2$. Online unter: https://correctiv.org/faktencheck/2021/07/06/nein-die-produktion-einer-tesla-batterie-verursacht-keine-17-tonnen-co2/

145 Observers team: Was there really 'no needle' when Kamala Harris got vaccinated for Covid-19? Look again... Online unter: https://observers.france24.com/en/americas/20210108-was-there-really-no-needle-when-kamala-harris-got-vaccinated-for-covid-19-look-again

146 o. A.: Russian forces must face justice for war crimes in Kyiv Oblast. Online unter: https://www.amnesty.org/en/latest/news/2022/05/ukraine-russian-forces-must-face-justice-for-war-crimes-in-kyiv-oblast--new-investigation/

147 Arijeta Lajka, Sophia Tulp: Video does not show staged bodies in Bucha. Online unter: https://apnews.com/article/fact-checking-847134637960

148 Simon Wörz: Erfundener Autor: Falschmeldung über Absage wegen Greta Thunberg. Online unter: https://correctiv.org/faktencheck/gesellschaft/2019/03/27/erfundener-autor-falschmeldung-ueber-absage-wegen-greta-thunberg/

149 Lars Wienand, Stefan Steurenthaler, Sophie Loelke: Putins Troll-Armee greift Deutschland an. Online unter: https://www.t-online.de/nachrichten/deutschland/gesellschaft/id_100042596/ukraine-krieg-prorussische-kampagne-das-steckt-hinter-den-fake-artikeln.html

150 Ralf Nowotny: Die größtenteils falsche Liste mit Kraftwerks-Abschaltungen – Nein, es droht kein Blackout! Online unter: https://www.mimikama.org/kraftwerks-abschaltungen-blackout/

151 Michael Hameleers, Edda Humprecht, Judith Möller, Jula Lühring: Degrees of deception: the effects of different types of COVID-19 misinformation and the effectiveness of corrective information in crisis times. In: Information, Communication & Society. Online unter: https://doi.org/10.1080/1369118X.2021.2021270

152 o. A.: Österreich: Virales Demo-Foto sorgt für Aufregung im Netz. Online unter: https://www.derstandard.at/story/2000131837499/oesterreich-virales-demo-foto-sorgt-fuer-aufregung-im-netz

153 Eva Wackenreuther: Diese Bilder von Greta Thunberg sind manipuliert. Online unter: https://faktencheck.afp.com/http%253A%252F%252Fdoc.afp.com%252F9MU3MY-1

154 Jane Wakefield: Deepfake presidents used in Russia-Ukraine war. Online unter: https://www.bbc.com/news/technology-60780142

155 Sebastian Meineck: Porno-Deepfakes per Knopfdruck. Online unter: https://netzpolitik.org/2022/millionenfach-installierte-apps-porno-deepfakes-per-knopfdruck/

156 Karen Hao: A horrifying new AI app swaps women into porn videos with a click. Online unter: https://www.technologyreview.com/2021/09/13/1035449/ai-deepfake-app-face-swaps-women-into-porn/

157 o. A.: Österreich: Virales Demo-Foto sorgt für Aufregung im Netz. Online unter: https://www.derstandard.at/story/2000131837499/oesterreich-virales-demo-foto-sorgt-fuer-aufregung-im-netz

158 Dan Evon: How to Spot a Deepfake. Online unter: https://www.snopes.com/articles/423004/how-to-spot-a-deepfake/

159 o. A.: Detect DeepFakes: How to counteract misinformation created by AI. Online unter: https://www.media.mit.edu/projects/detect-fakes/overview/

160 Till Eckert: Irreführende Behauptungen zur Dissertation von Christian Drosten im Umlauf. Online unter: https://correctiv.org/faktencheck/hintergrund/2020/11/19/irrefuehrende-behauptungen-zur-dissertation-von-christian-drosten-im-umlauf/

161 Mstyslav Chernov: Pregnant woman, baby die after Russian bombing in Mariupol. Online unter: https://apnews.com/article/russia-ukraine-war-maternity-hospital-pregnant-woman-dead-c0f2f859296f9f02be24fc9edfca1085

162 Sarah Thust: Mariupol: Nein, diese Fotos verletzter Frauen belegen keinen inszenierten Angriff. Online unter: https://correctiv.org/faktencheck/2022/03/18/ukraine-mariupol-nein-diese-fotos-verletzter-frauen-belegen-keinen-inszenierten-angriff/

163 Oliver Klein, Stefan Hertrampf: Wie Moskau im Ukraine-Krieg Fake News streut. Online unter: https://www.zdf.de/nachrichten/politik/mariupol-desinformation-ukraine-krieg-russland-100.html

164 Becky Sullivan: Alex Jones has been ordered to pay $1 billion over his Sandy Hook lies. Will he? Online unter: https://www.npr.org/2022/10/13/1128860654/alex-jones-sandy-hook-families-money-trial

165 Donie O'Sullivan: Facebook fact-checkers will stop checking Trump after presidential bid announcement. Online unter: https://edition.cnn.com/2022/11/15/politics/facebook-fact-check-donald-trump/index.html

166 Andrew M. Guess, Michael Lerner, Benjamin Lyons, Neelanjan Sircar u. a.: A digital media literacy intervention increases discernment between mainstream and false news in the United States and India. In: Proceedings of the National Academy of Sciences 117(27). Online unter: https://doi.org/10.1073/pnas.1920498117

Alle Weblinks der Kapitel eins bis vier wurden am 20.11.2020 abgerufen, alle Weblinks des Kapitel fünf wurden am 9.12.2022 aufgerufen.
Sämtliche Übersetzungen aus dem Englischen stammen von Ingrid Brodnig.

© Gianmaria Gava

## DIE AUTORIN

Ingrid Brodnig, geb. 1984, klärt über Lügengeschichten, Mobbing und Hass in unserer zunehmend digitalen Welt auf. Die Autorin und Kolumnistin beschäftigt sich schon seit vielen Jahren mit den gesellschaftlichen Herausforderungen der zunehmend komplexen Kommunikation im Internet. Sie ist erfahrene Speakerin, gibt Workshops und wird von zahlreichen renommierten Medien als Expertin für Digitales zu Tipps im Umgang mit Fake News und Verschwörungsmythen befragt. Für ihr Buch „Hass im Netz. Was wir gegen Hetze, Mobbing und Lügen tun können" wurde sie mit dem Bruno-Kreisky-Sonderpreis ausgezeichnet. Außerdem ist sie Autorin der wöchentlichen Digitalkolumne des österreichischen Nachrichtenmagazins „Profil".

Aktuelle Themen laufend auf brodnig.org
und twitter.com/brodnig.

## LIEBE LESER*INNEN,

wir sagen Danke, dass wir Sie auf Ihrer Lesereise begleiten durften. Viele weitere Abenteuer, aufregende Geschichten, unverwechselbare Geschenkideen finden Sie auf unserem Abenteuerspielplatz

WWW.BRANDSTAETTERVERLAG.COM

Bleiben wir in Verbindung! Wir freuen uns auf Ihre Anregungen, Wünsche und Kritiken.

LESERBRIEF@BRANDSTAETTERVERLAG.COM

Werden Sie Brandstätter-Insider*in!

Christian Brandstätter Verlag GmbH & Co KG
Wickenburggasse 26, 1080 Wien
Tel: +43 1 512 1543-256

TEILEN MACHT GLÜCKLICH!
#einspruch! #besserdiskutieren #faktenwirken #ingridbrodnig

## IMPRESSUM

5., ergänzte und überarbeitete Auflage, 2023

Designed in Austria, printed in the EU.

ISBN 978-3-7106-0663-2

Cover: Peter Manfredini
Satz & Grafik: Johanna Kurz
Illustrationen: Marie-Pascale Gafinen
Lektorat: Teresa Profanter
Projektleitung: Judith E. Innerhofer

## WIR TRAGEN VERANTWORTUNG

Dieses Buch wurde auf hochwertigem, FSC©-zertifiziertem Naturpapier gedruckt. Das Forest Stewardship Council® ist eine internationale Nicht-Regierungsorganisation, die weltweit eine umweltfreundliche, sozial gerechte und wirtschaftlich tragfähige Bewirtschaftung der Wälder fördert.
Für die Druckproduktion und Endfertigung wurde auf umweltfreundliche, ressourcenschonende und schadstofffreie Produktionsweisen und Materialien geachtet. Die Druckerei ist FSC© und PEFC™-zertifiziert, regelmäßige Audits erfolgen im Rahmen der internationalen Umweltmanagementnorm ISO 14001 (Nr. 35025/C/0001/UK/En).
Diese international anerkannten, unabhängigen und regelmäßig überprüften Standards gewährleisten eine umweltgerechte, sozial verträgliche, nachhaltige und ökonomisch tragfähige Nutzung entlang der gesamten Wertschöpfungskette Holz, vom Baum bis zum Buch.

+ + + FALLSTRICKE DURCHSCHAUEN + + + DENKM